차 례

이 책에 인용된 성경 구절은 〈한글킹제임스성경〉입니다.

제1과
삼위일체에 관한 진리

『이는 하늘에서 증거하시는 이가 세 분이시니, 아버지와 말씀과 성령이시요, 이 세 분은 하나이심이라』(요일 5:7).

삼위일체 하나님

『**오 이스라엘아, 들으라. 주 우리 하나님은 한 분 주시니**』(신 6:4). 하나님께서는 오직 "한 분"이시지만 "세 인격"으로 나타나신다. 즉 하나님의 "신격"(Godhead, 롬 1:20)이 "세 인격"(three persons)으로 나타나시는 것이다. 『**그분 안에는 신격의 모든 충만함이 몸의 형태로 거하시나니**』(골 2:9). 어떻게 한 분이신 하나님께서는 동시에 세 인격으로 나타나실 수 있는가? 흔히 세상 종교들에서 말하듯이 "세 분의 하나님"을 의미하는 것인가? 절대 그렇지 않다! 사실 "삼위일체"(Trinity)는 인간의 이성이나 논리로는 도저히 설명할 수 없는 "신비"다. 그 어떤 사례도 "삼위일체에 관한 진리"를 완벽하게 설명해 낼 수 없다. 그러나 이해가 되지 않는다고 해서 믿을 수 없는 것은 아니다. 왜냐하면 삼위일체는 "성경적 교리"이기 때문이다.

하나님의 "몸"은 "아들 하나님"이신 "예수 그리스도"이시고, "혼"은 "아버지 하나님"이시며, "영"은 "성령 하나님"이시다. "물"은 "삼위일체"라는 위대한 진리를 보여 주는 아름다운 사례다. "물"은 H2O, 즉 "세 가지 요소"로 구성되어 있지만, 하나의 통일체를 구성하고 있다. 그런데도 하나의 통일체인 "물"이 "액체"(물)로 나타나기도 하고, 얼어 있을 때는 "고체"(얼음)로 나타나기도 하며, 끓였을 때는 "기체"(수증기)로 나타나기도 한다. 그렇지만 "물"은 항상 "물"이다. 이처럼 "삼위일체" 하나님께서는 "하나"로 일하실 수 있다. 여러 사역에 있어서 "하나의 통일체"로 역사하시는 것이다.

1. 삼위일체에 대한 근거

"하나님의 형상"(창 1:27)대로 창조된 인간은 "몸"과 "혼"과 "영"으로 구성된 "**삼중적인 존재**"다(창 2:7, 살전 5:23). 하나님께서 "하나님의 형상"대로 인간을 창조하셨을 때, 『**우리**[복수 형태]**의 형상대로**』(창 1:26)라고 말씀하심으로써 "삼위일체 하나님"의 모습을 나타내셨다. 여기서 『**우리의 형상**』(창 1:26)은 『**자신**[단수 형태]**의 형상**』(창 1:27), 곧 『**하나님의 형상**』(창 1:27)이시다. 하나님의 "신격"(Godhead)이 그분의 "**창조물을 통해**" 분명하게 계시되었다.

『세상의 창조 때부터 그분에 속한 보이지 않는 것들이 분명히 보여졌고 심지어는 그분의 영원한 능력과 신격까지도 만들어진 것들에 의해 알려졌으므로 그들이 변명하지 못하느니라』(롬 1:20).

예수 그리스도께서 침례를 받으셨을 때 삼위일체 하나님께서 역사하셨다(마 3:13-17). 또한, 예수 그리스도께서 『**너희는 가서 모든 민족들을 가르치고, 아버지와 아들과 성령의 이름으로 침례를**』(마 28:19) 주라고 명령하셨을 때, **아버지와 아들과 성령, 세 분이 언급되고 있지만, 그 "이름"(name)은 단수로 되어 있어 세 분이 하나이심을 증명해 준다**. 사도 바울이 고린도후서 13:14에서 마지막 인사를 할 때 "삼위일체 하나님"에 대해 언급하고 있다. 『**주 예수 그리스도의 은혜와 하나님의 사랑과 성령의 교제가 너희 모두와 함께 있을지어다. 아멘.**』 『**이는 하늘에서 증거하시는 이가 세 분이시니, 아버지와 말씀과 성령이시요, 이 세 분은 하나이심이라**[7절]. **또 땅에서 증거하는 것도 셋이니, 성령과 물과 피요, 이 셋은 하나 안에서 일치하느니라**[8절]』(요일 5:7,8). 삼위일체를 증거하는 가장 결정적인 구절인데, 변개된 성경들은 모두 7절을 삭제했다.

2. 우주에서의 신격(Godhead)의 흔적[〈럭크만주석성경〉 부록 20 참조]

하나님	아버지	아들	성령	하나님	아버지	아들	성령
사람	혼	몸	영	**무게**	가벼운	중간	무거운
	인격	성품	개성	**음악**	화성	박자	선율
	소년기	청년기	성숙	**음표**	높낮이	음량	시간
가족	남자	여자	자식	**미술**	원근	구도	양식
문제들	정신적	육체적	정서적	**색**	채도	색상	명도
실재	공간	물질	시간	**역사**	고대	중세	현대
공간	길이	너비	깊이 (높이)	**종교**	힌두교	이슬람	불교
시간	과거	현재	미래		로마 카톨릭	개신교	그리스 정교
에너지	근원	발생	진행	**교회직분**	감독	장로	집사
물질	액체	고체	기체	**인종**	코카서스	니그로	몽골리안
물	물	얼음	수증기		백인 (야펫)	흑인(함)	황인(셈)
계(界)	동물계	식물계	광물계	**성경 언어**	히브리어	아람어	헬라어
대륙	아시아	유럽	아프리카	**성경 기록자**	족장들	선지자들	사도들
미주	북미	중미	남미	**구약**	율법	선지서	시편
교육	초등학교	중학교	고등학교	**신약**	복음서	사도행전	서신서
	초급대학	대학	대학원	**체제**	카톨릭	공산주의	자본주의
위치	땅	바다	공중	**해석**	역사적	영적	교리적
천체	태양	달	별들	**상태**	잃어 버린자	구원 받은자	구원주
태양광선	화학선	가시광선	열선	**영원**	지옥	땅	하늘
답	예	아니요	아마도	**변형산**	베드로	야고보	요한
대기층	전리층	성층권	외기권		모세	그리스도	엘리야
군대	해군	육군	공군	**논리**	대전제	소전제	결론
높이	꼭대기	중간	밑바닥	**전기**	양	음	중성

3. 삼위일체 하나님의 역사

"세 분이 한 분 안에, 한 분이 세 분 안에 있는데, 그중에서 가운데 계신 한 분이 나를 위해 죽으셨다."

하나님	❶ 창조	❷ 성육신	❸ 구속
아버지	창 1:3 신 4:32 암 4:13	독생자를 주심 요 3:16,17 요 17:3	갈보리의 희생제물을 받으심 히 10:8-12, 사 53:10
아들	요 1:1,3 엡 3:9 골 1:15,16	세상에 태어나심 눅 2:11 롬 1:3	대속제물로서 자신을 드리심 히 9:14
성령	창 1:2 욥 26:13 시 33:6	마리아가 잉태하게 하심 눅 1:35	성령 하나님을 통해 드리심 히 9:14

하나님	❹ 구원(거듭남)	❺ 교제(기도)	❻ 영광
아버지	영접한 죄인을 받아들이심 눅 15:22-24 새로운 이름을 기록하심 눅 10:20	초대하시고 교제하도록 하심 엡 2:18 요구를 들어 주심 요 16:23	영원한 왕국을 받으심 고전 15:24
아들	잃어버린 죄인을 찾으심 눅 15:4 피로 거룩하게 하심 엡 1:17	화목(화해)케 하심 고후 5:19 예수님의 이름으로 기도함 요 16:24	영광스러운 몸으로 변모시키심 빌 3:21
성령	인치심으로 구원을 보장하심 엡 1:13; 4:30 거듭나게 하심 요 3:3-6	성령을 통해 교제하게 하심 엡 2:18 성령께서 중보하심 롬 8:26	초청하심 계 22:17

4. 삼위일체와 하나님의 속성

속 성	아버지 하나님	아들 하나님	성령 하나님
영원하심	시 90:2	계 1:8,11	히 9:14
전능하심	벧전 1:5	고후 12:9	롬 15:18
전지하심	렘 17:10	계 2:23	고전 2:11
무소부재	렘 23:24	마 18:20	시 139:7
거룩하심	계 15:4	행 3:14	눅 1:15
참과 진리	요 7:28	계 3:7	요일 5:6
선 하 심	롬 2:4	눅 23:50	느 9:20
교제하심	요일 1:3	요일 1:3	고후 13:14

삼위일체를 이해할 수 없다고 해서 고심할 필요는 없다. "삼위일체를 완전히 이해하려고 하는 사람은 자기의 '마음'(지성)을 잃어버릴 것이고, 삼위일체를 부인하는 사람은 자기의 '혼'을 잃게 될 것이다"[린셀 & 우드브리지(Lindsell and Woodbridge)].

"삼위일체"는 신비이며, 그것은 우리가 영광 속에서 주님을 만날 때까지 절대 풀리지 않는 신비로 남아 있을 것이다. **그렇다고 해서 믿을 수 없다는 의미는 아니다.** 우리는 그것을 꼭 믿어야 한다! 하나님께서는 우리와는 전혀 다른 분이시다. 하나님께서는 영이시고 우리는 인간이다. 우리가 삼위일체의 교리를 믿을 때 하나님께서는 영광을 받으신다. 인간도 세 부분(몸과 혼과 영)으로 나누어진 존재가 아니던가! 우리도 하나님의 형상대로 만들어졌기 때문이다. 위대하신 "삼위일체 하나님"께 경배를 드리자. 우리를 위해 개별적으로도 역사하시는 "아버지와 아들과 성령 하나님"께 감사를 드리자.

NOTES

NOTES

제2과

선지자로 오신 예수 그리스도

『**주** 너의 하나님께서 네 가운데로부터 네 형제들 가운데서 나와 같은 한 선지자를 네게 일으키시리니 너희는 그에게 경청할지니라』(신 18:15).

영원하신 그리스도

영원한 하나님이신 예수 그리스도의 생애와 사역의 범위는 "영원"이며 그 "중심"은 "갈보리"이다. 사도 요한은 예수 그리스도의 혈통을 추적할 때 "하나님"까지 거슬러 올라갔는데(요 1:1,2), 주님께서는 자신을 가리켜 이렇게 말씀하셨다. 『**나는 알파와 오메가요, 시작과 끝이라. 주, 곧 지금도 계시고 전에도 계셨고 앞으로 오실 전능하신 분이 말하노라**』(계 1:8). 즉 자신을 하나님과 동일시하신 것이다. 『**나와 나의 아버지는 하나니라**』(요 10:30). 이에 요한은 『**그 말씀이 육신이 되어 우리 가운데 거하시므로, (우리가 그의 영광을 보니, 아버지의 독생자의 영광으로) 은혜와 진리가 충만하더라.**』(요 1:14)라고 증거했다. 또한, 예수님께서는 유월절 저녁 식탁에서의 강론을 마치시고, 『**오 아버지시여, 세상이 있기 전에 내가 아버지와 함께 갖고 있던 그 영광으로 이제 나를 아버지와 함께 영화롭게 하여 주옵소서.**』(요 17:5)라고 기도하셨다. 이 말씀을 통해 우리는 예수님께서 세상이 있기 전부터 항상 계시는 "영원하신 그리스도"이심을 알게 된다.

■ 새롭게 깨달았거나 적용할 내용이 있다면 적어 보세요. ■

예수 그리스도의 세 가지 직분

예수 그리스도께서는 "삼중적인 직분"을 취하시는데, 곧 "선지자," "대제사장," "왕"이다. 물론 주님께서는 이 세 가지를 동시에 수행하시지 않고 차례로 수행하신다.

그분의 "선지자"로서의 사역은 하늘과 땅이 창조된 이후부터 시작하여 초림 당시 이 땅에 오셔서 인류의 구속을 위해 십자가에서 죽으시고 부활하신 후 하늘로 올라가실 때까지다(초림). "대제사장"으로서의 사역은 승천하실 때부터 교회가 공중으로 들림을 받기 전까지다(교회 시대). 그리고 "왕"으로서의 사역은 대환란 끝에 이 땅으로 재림하실 때부터 왕국을 하나님 아버지께 드려서 만물 안에서 모든 것이 되시려 하실(고전 15:28) 때까지다(재림).

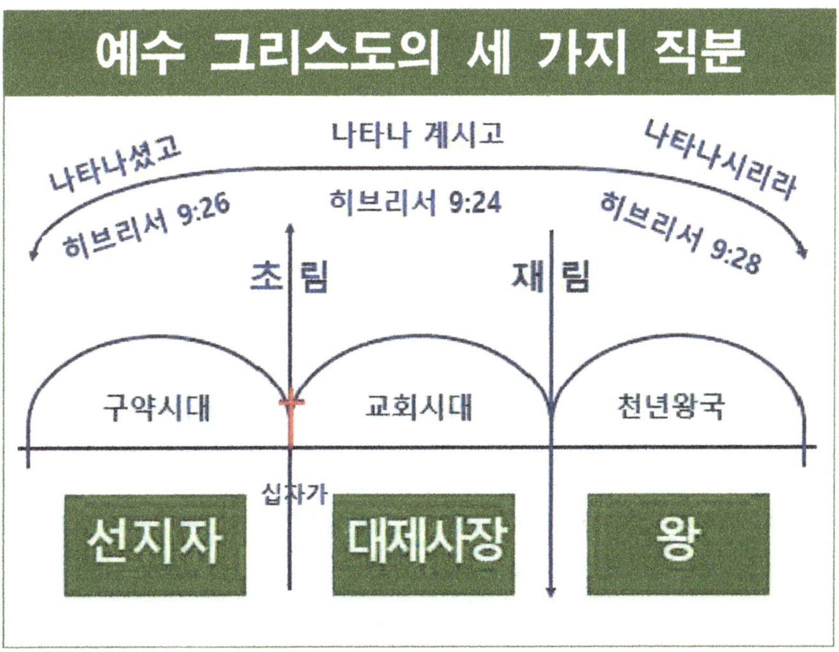

성육신 이전의 예수 그리스도의 사역

1. 창조 때의 사역

『**예로부터요, 영원부터**』(미 5:2) 『**영원까지**』(사 9:7) 영원토록 살아 계시는 예수 그리스도께서는 창조 사역 당시 그 이름이 "말씀"으로 불리셨다. 『**태초에 말씀이 계셨고, 그 말씀이 하나님과 함께 계셨으니, 그 말씀은 하나님이셨느니라. 그 말씀이 태초에 하나님과 함께 계셨느니라. 만물은 그에 의하여 지은 바 되었으며, 이미 지음받은 것 가운데 그가 없이 지어진 것은 아무것도 없더라**』(요 1:1-3).

"말씀"이신 주 예수 그리스도께서는 만물 이전에 계시는 분으로서(골 1:17), 모든 만물, 곧 『**하늘에 있는 것들과 땅에 있는 것들과 보이는 것들과 보이지 않는 것들과 보좌들이나 주권들이나 정사들이나 권세들**』(골 1:16) 등을 창조하셨다. 『**우리의 형상대로 우리의 모습을 따라**』(창 1:26), 곧 『**하나님의 형상대로**』(창 1:27) 인간도 창조하셨는데, 그 "하나님의 형상"은 다름 아닌 "예수 그리스도"이시다(고후 4:4, 골 1:15). 특히 삼위일체 하나님께서 인간을 창조하셨을 때, "아버지 하나님"의 일은 주로 "물질"을 창조하는 것이었다면, "아들 하나님"의 일은 그 물질을 가지고 "여러 모양과 형태"로 만드는 것이었으며, "성령 하나님"의 일은 만들어진 그 모든 생명체에게 "생명"을 불어넣는 일이었다.

성경에는 하늘과 땅을 창조하셨을 때 예수 그리스도께서 하신 일이 다음과 같이 묘사되어 있다. 『**누가 손바닥으로 물들을 헤아렸으며, 뼘으로 하늘을 재었으며, 땅의 티끌을 되에 담아 보았으며, 큰 저울로 산들을 달아보았으며, 작은 저울로 작은 산들을 달아보았겠느냐?**』(사 40:12) 성경에서 가장 먼저 기록된 "욥기"에도 예수 그리스도의 창조 사역이 영광스럽게 설명되어 있으며(욥

38,39장), 특히 신약에서는 "물로 포도주를 만드시는 기적"을 통해 예수 그리스도의 "창조의 능력과 영광"을 엿볼 수 있다(요 2:1-11).

2. 창조 이후부터 성육신하실 때까지의 사역

인간을 창조하신 이후 예수 그리스도의 "창조 사역"은 끝이 났고(창 2:2), 그 이후로는 "보존," "관리," "구속," "계시" 등이 주님께서 하시는 주된 일이 되었다. 그런 가운데 "인간의 모든 필요"도 채워 주시는데, "여호와"(Jehovah)와 결합해서 사용되는 다음의 이름들이 그 점을 잘 보여 준다.

① "**여호와 이레**"(Jehovah-jireh) - "공급하시는 주"(창 22:14)
② "**여호와 라파**"(Jehovah-rahpa) - "치료하시는 주"(출 15:26)
③ "**여호와 닛시**"(Jehovah-nissi) - "주는 우리의 깃발"(창 17:15)
④ "**여호와 샬롬**"(Jehovah-shalom) - "우리의 평화이신 주"(판 6:24)
⑤ "**여호와 사바오스**"(Jehovah-sabaoth) - "만군의 주"(삼상 1:3)
⑥ "**여호와 칫케누**"(Jehavah-tsidkenu) - "우리의 의이신 주"(렘 23:6)
⑦ "**여호와 삼마**"(Jehovah-shammah) - "가까이 계시고 현존하시는 분"(겔 48:35)
⑧ "**여호와 엘욘**"(Jehovah-elyon) - "지극히 높으신 주"(시 7:17)
⑨ "**여호와 라아**"(Jehovah-raah) - "우리의 목자이신 주"(시 23:1)

에덴의 동편에 동산을 만드시고 그곳에 최초의 인류(남자와 여자)를 살게 하시면서 그들에게 해야 할 것과 하지 말아야 할 것을 명령하신 분은 "주 하나님"(창 2:4), 곧 "예수 그리스도"셨다. 날이 서늘할 때 죄를 지은 아담과 이브에게 나타나셔서 불순종의 죄를 책망하시고, 여자의 씨가 사탄의 머리를 부술 것이라고 약속하신 분도 그리스도셨고, 그들을 동산에서 추방하신 분도 그리스도셨다(창 3:8-23). 최초의 살인자 카인에게 그의 동생 아벨을 죽인 것을 책망하신 분도 그리스도셨다(창 4:9). 전 지구적인 대홍수를 노아에게 경고하신 분도 그리스도셨으며, 그에게 방주를 만들라고 하시고 방주의 문을 닫으신 분도 그리스도셨다(창 6:1-22).

칼데아 우르에서 아브라함을 불러내시어 그에게 카나안 땅으로 가라고 지시하신 분도 그리스도셨다(창 12:1-3). 아브라함이 거하는 장막 입구에서 두 천사와 함께 나타나신 분도 그리스도셨고, 이삭의 출생을 예언하신 분도 그리스도셨다. 평지 도시들인 소돔과 고모라가 멸망할 것을 예언하신 분도 그리스도셨으며(창 18:1-22), 얍복 여울에서 야곱과 맞붙어 싸우신 분도 그리스도셨다(창 32:24-30).

호렙산에서 모세에게 가시덤불 가운데서 나온 불꽃 속에서 나타나신 분도 그리스도셨다. 가시덤불 불꽃 속에서 "나이신 분"(I AM)이라고 말씀하신(출 3:13,14) 분께서는 신약에서 "나는(I AM) 길이요, 진리요 생명이라."라고 말씀하신 바로 그 "예수 그리스도"이시다. 이집트인들에게 재앙을 내리시어 자신의 예표인 유월절 어린양을 죽게 하신 분도 그리스도셨으며(출 12:1-30), 이스라엘 자손들을 위하여 홍해를 가르신 분도 그리스도셨다. 광야에서 만나와 메추라기로 이스라엘 백성을 먹여 살리신 분도 그리스도셨고(출 16:1-15), 시내산에서 십계명을 주신 분도 그리스도셨으며(출 20:1-26), 광야의 성막과 솔로몬 성전에서 하나님의 영광 중에 나타나신 분도 그리스도셨고, 구름 기둥과 불 기둥으로 광야 생활의 마지막까지 이스라엘 자손들을 인도하신 분도 그리스도셨다(출 13:21-22).

여호수아가 만난 "주의 군대 대장"도 그리스도셨고(수 5:13-15), 요단강을 갈라 이스라엘 백성을 건너게 한 후 여리코 성읍을 시작으로 이스라엘 백성을 도와 그 약속의 땅을 정복하게 해 주신 분도 그리스도셨다. 여호수아의 뒤를 이어 재판관들을 세우고 그들을 명하여 이스라엘을 위하여 싸우게 하신 분도 그리스도셨다. 불법적인 왕 사울을 이스라엘 백성에게 허락하신 분도 그리스도셨고(삼하 9:15-17), 사울의 불순종으로 인해 다윗을 이스라엘의 참된 왕으로 세워 주신 분도 그리스도셨다(삼상 16:1-13).

선지자들을 택하시고 그들에게 일할 수 있는 능력을 부여하신 분도 그리스도셨다. 웃시야 왕이 죽던 그해에 선지자 이사야는 성전에서 그리스도의 환상을 보았고 그분의 영광 앞에서 이사야는 자신이 부정한 입술을 가진 자임을 알았다(사 6:1-8). 70년간의 포로 생활을 종결시켜 달라는 다니엘의 기도를 들으시고 가브리엘 천사를 보내시어 "칠십 주"에 관한 환상을 통해 "장차 십자가에 못박히실 그리스도의 죽음의 정확한 날짜를 계시하신 분"도 그리스도셨다(단 9:1-27).

한편 이러한 역사를 주관해 오실 때 항상 꿈이나 환상으로만 사람들을 인도하신 것은 아니었고 때때로 직접 나타나시기도 했는데, 곧 "주의 천사"로서 나타나신 것이다. 이는 죄인인 인간이 거룩하신 하나님을 직접 보면 살 수 없기 때문이다. 『**또 주께서 말씀하시기를 "네가 내 얼굴을 볼 수 없으니 이는 나를 보고서 살 자가 아무도 없음이니라." 하시고**』(출 33:20). 반면에 "아브라함"의 경우(약 2:23)와 마찬가지로 『**주께서는 사람이 자기 친구와 말하는 것같이 모세와 대면하여 말씀**』(출 33:11)하셨는데, 이것은 모세이든 아브라함이든 그들 모두 "주의 천사"와 대면하여 말했다는 사실을 보여 준다. "주의 천사"는 "**주의 현현**"을 말하는데, **이것은 구약에서 예수 그리스도께서 성육신하시기 이전에 인류에게 나타나신 모습이었다**. 인간의 몸을 입으시고 나타나시기 전까지는 구약에서 주의 천사로 나타나시어 그분의 백성인 이스라엘을 위시하여 일련의 모든 역사를 주관하고 이끌어 오신 것이다.

■ 새롭게 깨달았거나 적용할 내용이 있다면 적어 보세요. ■

성육신하신 예수 그리스도의 사역

1. 성육신하신 동안의 사역(초림) : "선지자"

구약에서 주의 천사로 나타나시어 사역하신 예수 그리스도께서는 "인류의 구속"을 위해 "인간의 몸"을 입으실 필요가 있게 되자, "때가 되어"(갈 4:4) 이 땅에 사람으로 나타나셨다. 『**너는 내 아들이라, 오늘 내가 너를 낳았노라.**』(히 1:5)라는 말씀대로 "육신의 몸"을 입고 이 땅에 탄생하신 것이다. 이 구절은 영원 시대 어느 시점에서 예수 그리스도께서 태어나셨다는 말이 아니고, 초림 당시 처녀(마 1:23) 마리아를 통해 "성육신하신 사건"을 가리킨다.

초림 당시 예수 그리스도께서는 "선지자"로 사역하셨다. 이러한 사실은 구약에서 모세를 통해 이미 예언되어 있었다. 『**주 너의 하나님께서 네 가운데로부터 네 형제들 가운데서 나와 같은 한 선지자를 네게 일으키시리니 너희는 그에게 경청할지니라**』(신 18:15, cf. 신 18:18). 예수 그리스도께서는 "모세와 같은 한 선지자"이셨던 것인데, 이에 관해서는 사도 베드로도 강조한 바 있다(행 3:19-26). 그렇다면 "선지자"는 어떤 사람인가?

❶ 선지자는 하나님의 말씀을 전한다. 하나님으로부터 받은 말씀을 가지고 가르치고 책망하고 위로했다. 그뿐만 아니라 "예언하는 임무"도 수행했다. 이처럼 예수 그리스도 역시 초림 당시에 백성들에게 아버지 하나님께서 주시는 말씀을 전하셨다(요 12:49). 주님께서는 친히 백성들을 가르치셨고, 여러 가지 비유를 말씀하셨으며, 또 "예언"도 하셨다. 특히 그분의 "죽음과 부활 그리고 재림"에 대해 예언하셨다.

❷ 선지자는 구체적인 행동을 한다. 구약의 선지자들은 말씀만 전한 것이 아니라 필요에 따라서는 그 말씀이 엄중하고 분명하다는 사실을 보여 주기 위해

주님께서 명령하신 일련의 행동들을 백성들 앞에서 직접 행하기도 했다. 물론 그런 행동들이 종종 백성들의 눈에 이상한 모습으로 비치기도 했지만, 하나님께서는 이런 행동들을 통해 메시지를 전달하신 것이다. 초림 당시의 예수 그리스도께서도 말씀만이 아닌 "직접적인 행동"을 통해 메시지를 전달하셨다.

❸ <u>선지자는 표적과 기적을 행한다</u>. 구약에서 표적과 기적을 많이 행한 선지자들로는 "엘리야"와 "엘리사"가 있는데, 특히 그들은 죽은 자를 살리기도 했다. 이처럼 예수 그리스도께서는 자신이 "하나님의 아들"이시요, 또 구약에서 예언된 "메시아"이심을 보여 주시기 위해 여러 가지 표적과 기적을 행하셨는데, 특히 죽은 나사로를 살리셨다(요 11장).

❹ <u>선지자는 고난과 박해와 핍박을 받는다</u>. 선지자이면서 고난받지 않은 경우는 거의 없다. 가장 대표적인 경우가 바로 "예레미야"다. 예수 그리스도 역시 고난을 받으셨는데, 주님께서 받으신 고난의 절정은 인류의 구속을 위해 당하신 "갈보리 십자가의 죽음"이었다.

<u>초림 당시 예수 그리스도의 사역 중에 "가장 핵심적인 사역"은 자기 자신을 "희생제물"로 바치시는 일, 곧 "십자가의 죽으심"이었다</u>. 순전히 "고난"의 관점에서 볼 때, 예수 그리스도께서는 "선지자"로서 죽으셨다. 마태복음 21장의 "포도원의 비유"(마 21:33-46)에 따르면, 주인은 포도원을 만들어 놓고 농부들에게 세로 주고 먼 나라로 떠났다. 소출의 때가 가까워 오자, 주인은 종들을 보내면서 농부들에게서 소출을 거두어 오라고 지시했다. 그런데 이 농부들이 종들을 때리고 쫓아내고 심지어 죽이기까지 했다. 여기에서 종들은 모두 "구약의 선지자들"이다. 말하자면 이스라엘 백성이 선지자들을 때리고 쫓아내고 죽인 것이다. 그래서 마지막으로 "아들"만큼은 그들이 존중하겠거니 하면서 아들을 그들에게 보냈다. 그런데 농부들은 이 아들마저도 죽였다. 이 비유에서 "아들"은 구약의 선지자들이 그러했던 것처럼 "소출을 받아와야 하는 종의 임무"를 띠고 있었다. 다시 말해 이것은 하나님의 아들이신 예수 그리스도께서 초림 당

시 선지자의 임무와 사역을 수행하셨음을 보여 주는데, 그런 가운데 "십자가의 죽음의 고난"을 당하신 것이다.

2. 예수 그리스도의 죽으심의 의미

한편 예수 그리스도의 죽으심은 "고난"을 받으셨다는 차원을 넘어 "속죄를 위한 죽으심"이었다. 예수 그리스도께서 육신의 몸을 입고 이 땅에 오신 근본적인 목적은 인간의 죄를 대속하시기 위함이었는데, 곧 세상의 모든 죄를 담당하시고 죽으신 것이다. 이처럼 십자가에서 죽으신 예수 그리스도께서는 일종의 "희생제물"이었다. 하나님의 어린양으로서 십자가라는 제단 위에서 죽으심으로써 인류를 위한 구속을 완성하신 것이다(히 7:26-28; 9:11-28). 이처럼 예수 그리스도께서는 "희생제물"이셨고, 그와 동시에 그 제물을 드리신 "대제사장"이셨다. 구약의 어떤 짐승도 희생제물이면서 동시에 대제사장이 될 수는 없었고, 구약의 어떤 대제사장도 친히 자신이 희생제물이 될 수 없었다. 그런데 예수 그리스도께서는 이 두 가지를 동시에 수행하셨다. **그래서 "십자가의 죽으심"이라고 하는 것은 "고난"의 개념으로 보면 "선지자로서의 사역"이고, "구속"의 측면으로 보면 "대제사장으로서의 사역"이기도 하다. 이로 인해 예수 그리스도의 사역은 "십자가의 죽으심"을 기점으로 "선지자로서의 사역"과 "대제사장으로서의 사역"이 나누어지게 된다**.

■ 새롭게 깨달았거나 적용할 내용이 있다면 적어 보세요. ■

NOTES

NOTES

제3과
대제사장이신 예수 그리스도

『그러므로 그는 또한 자기를 통하여 하나님께 나아오는 자들을 끝까지 구원하실 수 있으니, 이는 그가 항상 살아 계셔 그들을 위하여 중보하심이라』(히 7:25).

예수 그리스도의 사역들

사람들은 대부분 주 예수 그리스도의 사역을 그분의 공생애로만 국한하려고 한다. 하지만 예수 그리스도께서는 "전에도 계셨고, 지금도 계시고, 앞으로 오실 전능하신 분"이시다. 『**나는 알파와 오메가요, 시작과 끝이라. 주, 곧 지금도 계시고 전에도 계셨고 앞으로 오실 전능하신 분이 말하노라**』(계 1:8). 이 말씀은 예수 그리스도께서 이 땅에 계셨을 때 아버지의 뜻을 완수하시기 위해 일하셨듯이(히 10:7), 지금도 일하고 계시며, 앞으로도 하실 일이 있으시다는 사실을 나타내고 있다.

즉 예수 그리스도께서는 ❶ 전에는 "선지자"로 일하셨고 사역의 장소는 "팔레스타인 땅"이었다. 하지만 이스라엘 백성이 그들의 메시아 왕으로 오신 주 예수 그리스도를 거부함으로써 구약에서 예언된 주님의 "죽으심과 부활하심"이 이루어졌다. ❷ 셋째 하늘로 승천하신 예수 그리스도께서는 지금 "하나님의 보좌 우편"에 앉으셔서 "또 다른 사역"인 "중보자"로서의 사역을 수행하신다. 그리고 사역의 지경은 팔레스타인 땅에 국한되지 않고 "전 지구"로 넓혀졌다. 이제 잠시 후면 대제사장으로서의 중보 사역을 마치시고 ❸ "만왕의 왕이요, 만주의 주"로서 이 땅에 천년왕국을 수립하시려고 내려오실 것이다. 그 때가 되면 주 예수 그리스도께서는 새 하늘들과 새 땅, 새 예루살렘, 곧 새롭게 창조된 "전 우주"를 영원히 통치하시는 분으로서의 사역을 온전히 이루실 것이다.

승천하신 예수 그리스도의 사역

1. 예수 그리스도의 승천은 "또 다른 사역"의 시작을 의미한다.

예수 그리스도께서 하늘로 올라가지 않으셨다면 어떻게 되었겠는가? 또 다른 사역을 하실 수 없었을 것이다. 십자가에서 "다 이루었다"고 말씀하신 주님의 구속 사역은 그분의 부활과 승천 이후 하나님의 보좌 우편에 앉으심으로써 완성되었다. 그리고 그 사역은 "대제사장으로서의 사역"으로 이어지고 있다. 한편 "사역의 지경"은, 예수 그리스도께서 지상에서 행하셨던 초림 당시에는 팔레스타인 땅에 국한되었지만, 대제사장으로서 사역하고 계신 지금 "전 지구"로 확대되었다.

2. 예수 그리스도는 현재 "대제사장"이시다.

예수 그리스도께서는 영광 가운데 하늘로 올라가셔서 지금은 셋째 하늘에 계신다. 『**이는 그리스도께서 실물의 모형인 손으로 만든 성소들에 들어가지 아니하시고, 바로 그 하늘 자체에 들어가셔서 우리를 위하여 하나님의 면전에 지금 나타나 계시기 때문이라**』(히 9:24). 현재 성령께서는 그리스도인의 몸 안에 내주하셔서 중보 사역을 맡고 계신다(롬 8:26). 반면에 예수 그리스도께서는 셋째 하늘에서 우리를 위한 중보 사역을 담당하고 계신다(히 7:25). 예수 그리스도께서 지상 사역을 수행하시는 동안 예루살렘 성전에서 가르치신 적은 있어도, 성전에 번제를 드리거나 분향을 위해 가신 적은 없었다.

그렇다면 하나님께서는 왜 예수 그리스도를 대제사장으로 세우셔서 우리를 위한 중보자로 삼으셨는가? 이는 예수님께서 지상에 계신 동안 하나님께 속한

일들을 수행하셨듯이, 하늘에 계신 지금도 계속해서 하나님께 속한 일을 하셔야 하기 때문이다. 더욱이 사람들 가운데서 들려 올라가신 예수 그리스도께서는 대제사장이 되실 수 있는 조건을 충족시키셨다. 『**사람들 중에서 택함을 받은 대제사장마다 사람들을 위하여 임명을 받아 하나님께 속한 일들을 하게 되나니, 이는 그로 예물과 속죄를 위한 희생제물을 드리게 하려는 것이라**』(히 5:1). 예수 그리스도께서는 인류의 죄에 대해 속죄하시기 위해 자신을 예물과 희생제물로 드리셨다. 그 제물은 단번에 드려진 것으로서, 절대로 반복되지 않을 "최종적인 영원한 속죄제물"이었다(히 9:24-28; 10:8-12). 예수 그리스도의 속죄 사역은 이 땅에서 완성되었다(요 19:30).

또한, 예수님께서는 육신으로 나타나신 "하나님"이시자(딤전 3:16), 여자에게서 나신 "사람"이셨기에, 오직 그분만이 하나님과 인간의 손을 동시에 잡을 수 있는 유일한 중보자가 되실 수 있다(욥 9:33). 즉 인간이 하나님의 영광스러운 임재 앞으로 나아갈 수 있는 "사다리"로서(창 28:12) 하늘과 땅 사이의 교량 역할을 하신 것이다(요 14:6). 『**하나님은 한 분이시요, 하나님과 사람 사이에 중보자도 한 분이시니, 곧 사람이신 그리스도 예수시라**』(딤전 2:5). 따라서 예수 그리스도께서는 대제사장의 직분에 적합하신 분이다. 『**그러한 대제사장은 우리에게 적합하니, 거룩하고 악이 없으며, 더러움이 없고 죄인들에게서 성별되시며, 하늘들보다 더 높이 되심이라**』(히 7:26).

■ 로마카톨릭의 "미사"(Missa)와 제사장 놀이 ■

로마카톨릭 사제들은 매주 일요일에 "미사"라는 이름으로 희생제사를 되풀이하고 있다. 하지만 소위 "성찬식"에서 포도주를 마셔 대며 피의 제사를 드린다는 그들은 결코 신약적 의미의 제사장이 될 수 없다. 주의 만찬에 참여하는 거듭난 그리스도인만이 참된 제사장들이다(벧전

2:9). 그리고 주의 만찬식이라는 의식은 대제사장이신 예수 그리스도와 교제를 나누며, 그의 죽으심을 그분이 오실 때까지 선포하는 의식이다. 그리스도인의 중보자는 예수 그리스도 한 분이시기에, 결코 마리아나 로마카톨릭 사제들은 중보자가 될 수 없다. 그러므로 카톨릭교도들은 십자가에서 이루신 주님의 구속 사역, 곧 "다 이루었다"는 말씀조차 깨닫지도 못하는 이단들이며, 또 가증한 자들로서 제사 흉내나 내며 제사장 놀이를 하는 것이다.

3. 멜기세덱의 계열에 따른 대제사장이 되셨다.

아론은 대제사장의 직분을 받았다. 그의 직분은 하나님께서 임명하신 직분으로, 그는 하나님께 속한 일들, 곧 백성과 자신을 위해 예물과 속죄를 위한 희생제물을 드려야 한다. 이러한 존귀는 아무나 스스로 취할 수 있는 것이 아니며, 하나님께 부르심을 입어야 한다(히 5:1-4). 따라서 주 예수 그리스도께서는 아론으로 예표되는 대제사장으로서 백성들 앞에서 공개적으로 희생제물을 드리셨는데, 다만 염소와 송아지가 아닌 "자기 자신"을 갈보리 위에서 희생제물로 드리신 것이다(히 9:12). "사도이며 대제사장"(히 3:1)이신 예수 그리스도께서 자신의 피로 우리를 위해 영원한 구속을 이루신 것이다. 『**그러나 그리스도께서는 다가올 선한 것들의 대제사장으로 오셔서, 손으로 짓지 아니한, 곧 이러한 건물이 아닌 더 크고 더 온전한 성막을 통하여 염소와 송아지의 피로 아니하고 오직 자신의 피로 한 번 성소에 들어가셔서 우리를 위하여 영원한 구속을 이루셨느니라**』(히 9:11,12).

현재 예수 그리스도께서는 아론처럼 사람들을 위해 하나님의 면전에 나타나 계신다(히 9:24). 한편 아론은 죽었지만, 하나님이신 예수 그리스도께서는 영원히 살아서 우리를 위해 중보하고 계신다. 그래서 주 예수 그리스도께서는 "아론의 계열"에 따른 대제사장이 아니라 "멜키세덱의 계열"에 따른 영원한 대제사장이시다(히 5:6; 7:11-28).

4. 대제사장으로서 하나님의 보좌 오른편에 앉아 계신다.

자신의 피로 휘장 안으로 들어가신 예수 그리스도께서는 "위대한 구속의 날"(재림 때)까지 대제사장으로서의 사역을 수행하시면서 하늘 보좌에 앉아 계실 것이다. 그 기간이 끝날 무렵, 예수 그리스도께서는 대제사장의 의복을 벗으시고, 어린양의 혼인식을 위해 영화롭고 아름다운 의복을 입으실 것이다(계 19:7). 그리고 이 땅에 내려와 심판을 하실 때 피에 적신 옷을 입으실 것이고(계 19:13), 이후 다윗의 보좌에 앉으시어 "만왕의 왕이요, 만주의 주"로서 다스리실 것이다. 다만 지금은 대제사장으로서 하나님의 보좌 오른편에 앉으셔서 우리를 위해 중보하고 계신다(히 12:2). 주님께서 지금 앉아 계신 보좌는 바로 이 교회 시대에 그리스도인들을 위한 "은혜의 보좌"다. 『**우리에게는 위대한 대제사장, 곧 하늘들로 올라가신 하나님의 아들 예수께서 계시므로, 우리는 우리의 고백을 굳게 붙들어야 하리라. 이는 우리의 대제사장은 우리의 연약함을 동정할 수 없는 분이 아니요, 모든 점에서 우리와 마찬가지로 시험을 받으셨지만 죄는 없으신 분이기 때문이라. 그러므로 우리가 은혜의 보좌로 담대히 나아가자. 이는 우리가 자비를 얻고 필요한 때에 도우시는 은혜를 발견하기 위함이라**』(히 4:14-16).

5. 예수 그리스도께서는 우리를 위한 "중보자"시다.

대제사장의 직분을 가지신 예수 그리스도께서는 비록 "모든 사람"을 위해 몸값으로 자신을 주셨지만(딤전 2:6), 그렇다고 "모두"를 위한 중보자가 되시는 것은 아니다. 오직 "주님께 속한 자들"만을 위한 중보자가 되신다(히 9:24). 『**나는 세상을 위하여는 기도하지 아니하고 다만 아버지께서 내게 주신 자들을 위하여 기도하나이다. 이는 그들이 아버지의 사람들이기 때문이니이다**』(요 17:9). 이처럼 예수 그리스도께서는 우리를 위해 기도하고 계시기에 구원을 잃어버릴까 봐 염려할 필요가 없다(히 7:25). 주님께서는 이 땅에 계셨을 때도 제자들 가운데서 유다를 제외하고는 하나도 잃어버리시지 않고 지키셨다. 『**내가 그들과 함께 세상에 있었을 때는 아버지의 이름으로 그들을 지켰나이다. 아버지께서 내게 주신 그들을 내가 지키었고 멸망의 아들 외에는 그들 중 아무도 잃어버리지 아니하였으니 이로써 성경이 이루어지게 한 것이옵니다**』(요 17:12).

예수 그리스도께서는 현재 "거듭난 성도들"을 위해 하나님의 임재 앞에 계신다. 우리를 위한 그분의 중보 사역의 근거는 주님께서 완성하신 속죄 사역에 있다. "중보"는 하나님과 사람 사이에 이루어지는 일이다. 그러므로 하나님께 나아가기 위해서는 "중보자"가 반드시 필요하다. 비록 예수 그리스도의 보혈로 거듭났다고 하더라도 빛 가운데 거하시는 하나님께 나아갈 때, 예수 그리스도를 통하지 않고서는 결코 나아갈 수 없다(요 14:6). 중보자이신 예수 그리스도께서 우리의 기도와 간구를 들으시고, 우리가 필요로 하는 은혜를 풍성하게 채워 주신다(고후 12:9). 또한, 우리가 연약할 때도 힘을 주시며(행 1:8, 요 17:15), 죄를 자백하면 용서하시고(요일 1:9), 주님을 신뢰하는 가운데 은혜의 보좌로 나아오는 자녀들을 자비하심 속에서 때에 따라 도우신다(히 4:16). 예수 그리스도께서 중보자로서 신약 성도들을 위해 행하고 계신 사역이 바로 이런 일들이다.

6. 예수 그리스도께서는 우리의 "변호인"이시다.

"사탄"은 욥기 1장과 요한계시록 12장에서 하나님의 면전에서 성도들을 고소하는 "고소자"로 나타난다. 그래서 우리에게는 사탄의 끊임없는 고소를 막아 주실 의로운 "변호인"이 필요하다. 바로 주 예수 그리스도께서 우리를 고소하는 마귀를 대적하여 우리를 위해 변론하는 역할을 맡고 계신다. 『**나의 어린 자녀들아, 내가 이런 것들을 너희에게 쓰는 것은 너희로 죄를 짓지 않게 하려는 것이라. 그러나 만일 누가 죄를 지으면 우리에게 아버지와 함께 있는 한 변호인이 있으니, 곧 의인이신 예수 그리스도시라**』(요일 2:1). 다시 말해 도살당한 어린양이신 예수 그리스도께서 하나님의 오른편에서 마귀의 고소를 막아 내는 "방어자" 역할을 하고 계신 것이다. 그러므로 성도들은 갈보리에서 완성하신 주님의 속죄 사역에 근거해서 죄에 대한 용서를 구하게 된다. 『**우리가 우리 죄들을 자백하면 그는 신실하시고 의로우셔서 우리 죄들을 용서하시며, 모든 불의에서 우리를 깨끗하게 하시느니라**』(요일 1:9). 주님께서는 모든 시험을 받으셨으나 죄는 없으신 분이기에 우리를 대적하는 마귀의 고소에 대해 변호하실 수 있는 것이다.

주님께서는 베드로에게 어떤 일이 일어날지를 알고 계셨기에 그를 위해 기도하셨다(눅 22:32). 이처럼 주님께서는 우리를 향한 사탄의 계략을 알고 계시기에 지금도 우리를 위해 중보하신다. 그러므로 변호인이신 예수 그리스도를 의지하지 않고 자신의 지혜나 여타 종교의식에 의지하려는 생각은 버려야 한다. 만일 마귀를 대항해서 자신을 스스로 변호하고자 한다면, 그것은 "자신의 변호를 위해 법정에 서 있는 변호인을 바보로 만드는 멍청한 짓"이다. 따라서 날마다 겸손히 주님께 나아가며, 시시때때로 인생 앞에 벌어지는 일들에 대해 신실하게 돌보시는 중보자요, 변호인이신 주님께 온전히 맡겨야 한다. 그분은 한 번도 패소하신 적이 없는 "유능한 변호인"이시기 때문이다.

■ 새롭게 깨달았거나 적용할 내용이 있다면 적어 보세요. ■

NOTES

NOTES

제4과
심판주로 오실 예수 그리스도

『그 후에 일곱째 천사가 나팔을 부니, 하늘에서 큰 음성들이 있어 말하기를 "이 세상의 나라들이 우리 주와 그의 그리스도의 왕국들이 되어서 그분이 영원무궁토록 통치하시리라."고 하더라』(계 11:15).

만왕의 왕이신 예수 그리스도

"하나님의 보좌 우편에 앉아" 대제사장으로서의 직무를 마치신 예수 그리스도께서는 하나님의 보좌를 떠나 "공중에서" 신부인 교회를 맞이하실 것이다(살전 4:15-18). 그리고 주님께서는 "그리스도의 심판석에 앉아" 그리스도인들이 각자의 몸으로 한 일에 대해 심판하시고 그에 따라 각자에게 상을 주실 것이다. 이후 "점이나 주름이 없는" 영광스러운 신부와 함께 하늘에서 "어린양의 혼인식"을 거행하신다(계 19:6-9).

뒤이어 예수 그리스도께서는 아버지로부터 왕국을 받으신 후, 하늘의 군대들과 함께 "지상으로" 내려오셔서 아마겟돈 전쟁을 승리로 이끄시고, 땅에 있는 "영광의 보좌"에 앉으시어 민족들을 심판하실 것이다(마 25:31-46). 이것이 "천년왕국"의 시작이다(계 19:11-21). 왕국의 통치가 끝날 무렵, 끝없이 깊은 구렁에 갇혀 있던 사탄이 풀려나오고 극심한 배교가 이어지지만, 하늘에서 불이 내려와 모든 대적을 불살라 버린다.

그리고 하늘과 땅도 불살라지고, 각 시대에 따라 구원받은 성도들은 "새 하늘들"과 "새 땅"과 "새 예루살렘"에서 영원히 거하게 된다. 주님께서는 "만왕의 왕, 만주의 주"로서 통치하신 후, "때가 차면" 그 왕국을 아버지께 바치실 것이고, 그때에 하나님께서 만물 안에 모든 것이 되실 것이다(고전 15:28).

재림하신 예수 그리스도의 사역

1. 영광 가운데 오시는 예수 그리스도

부활하신 주님께서 승천하시는 모습을 담고 있는 사도행전 1:10,11에서는 두 천사가 『**하늘로 들려 올라가신 바로 이 예수는 너희가 하늘로 가심을 본 그대로 오시리라.**』라고 예언하고 있다. 따라서 지상 사역을 마치시고 하늘로 들려 올라가신 예수 그리스도께서 영광 가운데로 들려 올라가셨듯이(딤전 3:16), 이 땅에 오실 때도 영광 가운데 나타나실 것이라는 말씀은 너무도 당연하다. 『**우리의 생명이신 그리스도께서 나타나실 때 그때 너희도 그와 함께 영광 가운데 나타날 것이라**』(골 3:4).

예수 그리스도의 약속이 이렇게 분명한데도, 이 땅을 살기 좋고 평화로운 곳으로 만들려 하는 "후천년주의자들과 무천년주의자들"(공산주의자, 무신론자, 불가지론자, 진화론자, 장로교, 감리교, 로마카톨릭 등)은 "너희가 본 그대로 오시리라"는 예언의 말씀을 절대로 믿지 않는다.

<u>이제 곧 이 땅에 다시 오실 예수 그리스도께서는 "대제사장의 옷을 벗으신 후" 셋째 하늘의 보좌에서 일어나 심판을 위해 왕으로 내려오셔서 "피에 적신 옷을 입으실" 것이다.</u> 초림 때는 "어린양"으로 오셨지만, 재림 때는 "사자"로 오신다. 초림 때는 "가시 면류관"을 쓰셨으나, 재림 때는 "만왕의 왕이요, 만주의 주"로서 "많은 왕관"을 쓰고 오실 것이다(계 19:12). 또한, 초림 때는 "멸시와 조롱"을 당하셨으나, 재림 때는 "철장"으로 다스리실 것이다. 만왕의 왕이신 예수 그리스도의 이러한 "다시 오심"은 다니엘과 바울(단 7:13, 딤전 6:14), 심지어 천사들에 의해 예언되었고(행 1:10,11), 예수 그리스도께서도 친히 직접 말씀하셨다(마 25:31).

2. 그리스도인들을 향한 재림의 사역

만왕의 왕이시오 만주의 주이신 예수 그리스도께서 공중으로 재림하시면 그리스도 안에서 잠들었던 그리스도들이 먼저 끌려 올라가고 그 후에 살아 있는 그리스도인들과 함께 모두 휴거된다(살전 4:13-16). 주님께서 초림 때는 우리를 지옥의 형벌과 권세로부터 구원하셨고, 재림 때는 "죄" 자체로부터의 구원, 곧 "몸의 구속"을 이루실 것이다. 『**그들뿐만 아니라 성령의 첫열매들을 가진 우리까지도 속으로 신음하며 양자 되는 것, 곧 우리 몸의 구속을 기다리고 있느니라**』(롬 8:23).

특히 사도 바울이 "우리가 소망에 의해 구원받았다."(롬 8:24)라고 말했을 때, 그것은 아직 구속받지 못한 몸이 주님의 재림 때 구속받게 된다는 "영광스러운 소망"에 관한 언급이었다. 그때 성도들의 몸은 주님의 영광스러운 몸같이 변화될 것이다(빌 3:21, 요일 3:2). 이미 구속받은 우리의 혼과 달리 여전히 구속받지 못한 질그릇 같은 우리의 천한 몸을 주님께서 하늘로부터 친히 오실 때 변화시키실 것이다. 이것은 현재 우리 안에 계신 성령께서 보증해 주시고, 주님께서 오실 때 반드시 완성될 것이다. 그때 주님께서는 그분의 성도들 안에서 영광을 받으신다. 『**그 날에 주께서 오시면 그의 성도들에게서 영광을 받으시고 또 믿는 모든 사람들에게서 기이히 여김을 받으시리라. (이는 우리의 증거가 너희 가운데서 믿어졌기 때문이라.)**』(살후 1:10).

예수 그리스도께서 오시면 어두움 속에 있던 모든 것을 빛 가운데 드러내실 것이다. 그리스도인들은 자신이 몸으로 행한 모든 일이 불로써 드러나는 "그리스도의 심판석"에 서게 될 것이다(롬 14장, 고후 5장, 고전 3장). 그리스도의 심판석은 그리스도인이 구원과 상관없이 지상에서 주님을 위해 무엇을 했는가에 대한 상급을 받는 자리이며, 잘못에 대해서는 상급을 잃어버리는 뼈아픈 자리가 될 것이다.

3. 이스라엘 백성과 "새 언약"(New Covenant)을 맺으심

예수 그리스도께서 재림하시면 이스라엘의 열두 지파는 에스겔 37:19-24의 예언에 따라 하나로 다시 결합될 것이며, 다윗의 씨인 예수 그리스도께서 예언된 왕으로서 공의와 정의로 온 세상을 통치하실 것이다(렘 23:5,6). 이때 대환란을 통과한 이스라엘은 심판을 통해 깨끗하게 될 것이다. **『그리하여 온 이스라엘이 구원을 받으리라. 기록된 바 "구원자가 시온에서 와서 야곱에게서 경건치 아니한 것을 제거하리라. 이는 <u>내가 그들의 죄들을 없앨 때 그들에 대한 나의 언약[covenant]이 이것임이니라</u>." 함과 같으니라』**(롬 11:26,27). 이렇듯 이스라엘을 위한 "용서"와 "회복"은 이미 구약에서 여러 차례 언급된 바 있고(겔 37:23,25-29), 신약에서는 히브리서 8장에서 언급된 "새 언약"(New Covenant)을 통해 주님께서 재림하실 때 완전한 용서와 회복이 이루어질 것이다(히 8:8-12).

하나님의 "은혜의 복음"이 바울에게 계시되기 전까지, 사도들은 예수 그리스도께서 재림하실 때 그들의 죄들이 사해질 것이라고 믿고 있었다. **『그러므로 너희는 회개하고 돌이키라. 그러면 주의 임재하심으로부터 새롭게 되는 때가 올 때 너희 죄들이 지워지리라. 또 하나님께서 전에 너희에게 전파된 예수 그리스도를 보내시리라』**(행 3:19,20). 특히 재림하시는 예수 그리스도께서 이스라엘 땅에 눈에 보이는 실제적인 "다윗의 보좌"에 앉아 다스리실 때, 이스라엘은 세상 왕국들의 머리가 될 것이다(슥 8:23, 사 49:22,23). 그리고 그들은 이방 가운데서 주의 영광을 선포할 것이다(사 66:19).

그뿐만 아니라 이스라엘과 팔레스타인 땅은 크게 번성할 것이다. **『주 하나님이 이같이 말하노라. 내가 너희를 너희의 모든 죄악에서 깨끗게 하는 날에 내가 또한 너희로 그 성읍들에서 살게 하리니 폐허에 집을 짓게 되리라. 지나가는 모든 사람들의 목전에 황폐하게 버려졌던 곳, 그 황폐한 땅이 경작되리라.**

그러면 그들이 말하기를 "황폐했던 이 땅이 에덴의 동산같이 되었도다. 삭막하고 황폐하고 파괴된 성읍들이 성벽이 세워지고 사람들이 살고 있도다." 하리라』(겔 36:33-35). 무엇보다도 초림 때 이스라엘 백성에게 이루어질 것이라고 기대했던 많은 약속이 예수 그리스도께서 "만왕의 왕, 만주의 주"로 오실 그날에 실제로 문자 그대로 이루어질 것이다.

4. 죄인들과 민족들을 심판하심

어린양의 혼인식을 치르신 주님께서는 모두가 보는 가운데 지상으로 내려오실 것이다. 『**보라, 그가 구름들과 함께 오시리니, 모든 눈이 그를 볼 것이며, 그를 찌른 자들도 볼 것이요, 또한 땅의 모든 족속이 그로 인하여 애곡하리라. 그대로 되리로다. 아멘**』(계 1:7, cf. 사 40:5). 이날은 "주의 날"로 불리며, 진노와 권능과 영광으로 그의 원수들을 멸망시키는 날이다. 그러므로 주께서 오시면 이 땅에 남아 있는 죄인들, 곧 복음에 불순종한 사람들뿐만 아니라 하나님을 알지 못하는 자들(불가지론자들)도 심판받게 될 것이다(살후 1:7-9). 예수 그리스도께서 이 땅에서 왕국을 세우시기 전에 이루실 일은 사탄에 의해 세워진 "세상 체제"(고후 4:4)에 대한 "완전한 파멸"이다. 그래서 주님의 결심은 민족들을 하나로 모으시고 진노의 불로 그들을 태우시는 것이다. 『**주가 말하노라. 그러므로 너희는 내가 일어나서 먹이로 삼는 날까지 나를 기다리라. 이는 내 결심이 민족들을 모으는 것임이니 내가 왕국들을 모아서 그들 위에 내 분노, 곧 나의 모든 격노를 쏟으리라. 이는 온 땅이 내 질투의 불로 삼켜질 것임이라**』(습 3:8, cf. 마 13장). 이 일을 위해 주님께서는 다윗의 보좌, 곧 영광의 보좌에 앉으셔서 모든 민족을 자신 앞에 모으실 것이다. 그리고 재림 직전 환란 기간에 이스라엘을 도와준 이방인들은 "양들"로, 이스라엘을 고소하고 박해한 이방인들은 "염소들"로 분류하시는 가운데 민족들을 심판하실 것이다. 『인

자가 그의 영광 중에 오고, 또 모든 거룩한 천사들이 그와 함께 오면 그때에 그가 그의 영광의 보좌에 앉으리니 그 앞에 모든 민족들을 모아 놓고 마치 목자가 양들을 염소들에서 갈라놓듯이 그들을 따로 갈라놓으리라』(마 25:31,32). 그러므로 이 심판의 장소가 "그리스도의 심판석"이나 "백보좌 심판"이 아니라, 이 땅에서 세워지는 다윗의 보좌, 곧 "영광의 보좌"에서 이루어진다는 점을 주목해야 한다.

5. 의와 화평으로 "천년왕국"을 다스리심

예수 그리스도의 탄생 때, 『**그는 위대하게 될 것이며, 가장 높으신 분의 아들이라 불릴 것이요, 또 주 하나님께서 그에게 그의 조상 다윗의 보좌를 주실 것이며 그는 야곱의 집안을 영원히 통치할 것이요 그의 왕국은 무궁하리라.**』(눅 1:32,33)라는 약속이 천사 가브리엘을 통해 주어졌지만, 그 약속은 초림 때 성취되지 못했다. 주님께서 이 땅에 오셔서 민족들을 심판하시고 그들을 천 년 동안 다스리실 것인데, 이 통치는 철장으로 다스려질 "정의로운 독재 통치"이다(시 2:9, 슥 9:10).

라오디케아인들의 교회 시대에 문밖에 서 계시는 예수 그리스도께서는 이제 셋째 하늘의 문을 통과해서 내려오실 것이다(살전 3:13). 그리고 이 세상 왕국들은 그분께 넘겨질 것이며, 주께서 온 땅을 의로 심판하시고 통치하실 것이다. 『**이 세상의 나라들이 우리 주와 그의 그리스도의 왕국들이 되어서 그분이 영원무궁토록 통치하시리라**』(계 11:15). 그뿐만 아니라 온 땅은 주의 지식으로 충만할 것이다(사 11:9, 합 2:14). **이때에야 비로소 『지극히 높은 곳에서는 하나님께 영광이요, 땅 위에는 화평이요, 사람들에게는 호의로다.』(눅 2:14)라는 말씀이 이루어질 것이다**. 그러나 이 땅에 남아서 예수 그리스도를 계속 거부하게 될 죄인들은 주님께서 천년왕국을 다스리시고 영원한 화평을 이루실 재림 때까지

"두 차례의 세계대전"(계 6:3-5 ➡ "적그리스도의 정복 전쟁," 계 19:10-18 ➡ "아마겟돈 전쟁")을 겪을 것이고, 그 왕국이 끝날 무렵에는 "한 차례의 세계대전"(계 20:7,8 ➡ "곡과 마곡의 전쟁")을 더 겪게 된다.

6. 사망을 멸하시고, 자연을 회복시키심

주 예수 그리스도께서 재림하실 때, 피조물 자체도 그 썩어짐의 속박으로부터 해방될 것이며(롬 8:19-21) 인간의 가장 큰 두려움이었던 사망까지 멸하실 것이다. **『주께서 모든 원수를 자기 발 아래 두실 때까지 통치하셔야 하리니 멸망받게 될 마지막 원수는 사망이라』**(고전 15:25,26, cf. 히 2:15). 그뿐만 아니라 자연에 내려진 "저주"(창 3:18)가 제거될 것인데, 곧 **『가시나무를 대신하여 전나무가 나오며 찔레를 대신하여 도금양나무가 나올 것』**(사 55:13)이고, 육식 동물인 사자가 소처럼 짚을 먹을 것이다(사 11:7; 65:25). 또한, 황무지가 열매를 낼 것이며(사 32:15), 장미꽃이 피어날 것이다(사 35:1). 최종적으로는 전 우주에 물리적인 변화가 있을 것이다. 이 모든 일은 예수 그리스도께서 이 땅에 오셔서 "만왕의 왕"이요, "만주의 주"로서 천년왕국을 다스리실 때 시작될 것이며, 자연뿐 아니라 모든 민족도 그분 앞에 복종하게 될 것이다.

7. 적그리스도와 마귀에 대한 영원한 심판

예수 그리스도께서 3년 반 동안 이 땅에서 사역하셨듯이, 적그리스도는 예수 그리스도께서 다윗의 보좌에 앉으시기 전까지 "마흔두 달"(3년 반) 동안 하나님을 모독하며 이 땅을 끔찍한 공포로 다스릴 것이다(계 11:2; 13:5). 하지만 예수 그리스도께서 그분의 성도들과 함께 하늘로부터 내려오실 재림 때 주께서는 적그리스도를 주님의 찬란한 오심으로 제거하실 것이다. **『그리고 나서 그**

악한 자가 나타나리니 주께서 그를 자기 입에서 나오는 영으로 소멸하시고 그의 찬란한 오심으로 제거하시리라』(살후 2:8, cf. 계 19:20). 주님의 재림과 함께 적그리스도는 제거되고, 마귀는 천 년 동안 "끝없이 깊은 구렁"에 갇히는데, 최종적으로는 그들 모두 "불과 유황 못"에서 영원무궁토록 고통받게 된다(계 20:10).

만물을 새롭게 하시는 예수 그리스도

예수 그리스도께서 초림 당시 이 땅에 오셔서 "선지자"로서의 직분을 온전히 이루셨으며(요 19:30), 지금은 모든 일을 다 이루시기까지 성도들이 서 있을 수 있도록 "대제사장"의 직분을 신실하게 수행하고 계신다(엡 6:13). 그리고 이제 잠시 후면 있을 재림 때 이 땅을 심판하시고 만물을 새롭게 하심으로써 "만왕의 왕이요, 만주의 주"로서의 사역을 온전히 이루실 것이다(계 21:6). 아울러 온 우주 만물을 새롭게 하심으로써 주님의 계획을 온전히 이루실 것이다. 『**또 보좌에 앉으신 분이 말씀하시기를 "보라, 내가 만물을 새롭게 만드노라." 하시고 내게 말씀하시기를 "이 말씀들은 참되고 신실하니 기록하라." 하시고 또 내게 말씀하시기를 "다 이루었노라. 나는 알파와 오메가요 시작과 끝이라. 내가 목마른 자에게 생명수의 샘을 값없이 주리라**』(계 21:5,6)

■ 새롭게 깨달았거나 적용할 내용이 있다면 적어 보세요. ■

NOTES

제5과
창조주이신 성령 하나님

『하물며 영원하신 성령을 통하여 흠 없는 자신을 하나님께 드린 그리스도의 피가 어찌 죽은 행실에서 너희 양심을 정결케 하여 살아 계신 하나님을 섬기게 하지 못하겠느냐?』(히 9:14)

성령 하나님의 창조 사역

1. 창조 때의 성령님의 사역

『땅은 형체가 없고 공허하며 어두움이 깊음의 표면에 있으며 하나님의 영은 물들의 표면에서 거니시더라』(창 1:2).

하나님의 신격의 "세 번째 위격"이신 성령님은 영원 전부터 계시는 분이시다 (히 9:14). 이 영원하신 성령님께서는 삼위일체 하나님의 창조 사역에 참여하셨다. 『**그는 그의 영으로 하늘들을 단장하셨고**』(욥 26:13) 『**하나님의 영이 나를 지으셨고 전능하신 분의 호흡이 내게 생명을 주셨도다**』(욥 33:4). 『**주께서 주의 영을 보내시어 그들이 창조되었으니 주께서 지면을 새롭게 하시나이다**』(시 104:30). 하나님께서는 그분의 영이신 성령님을 통해 별들과 태양으로 하늘들을 아름답게 꾸미신 것이다.

창조 시에 삼위일체 하나님께서 하신 일은 다음과 같이 묘사되는데, 즉 아버지 하나님은 물질을 창조하셨고, 아들 하나님은 하늘들과 땅에서 눈에 보이는 모든 사물의 형태를 빚으셨고, 성령 하나님은 모든 생물에 생명을 불어넣으셨다는 것이다. 이 점은 창세기 2:7의 인간 창조에 대한 설명을 읽어 보면 더욱 확실해진다. 『**주 하나님께서 땅의 흙으로 사람을 지으시고 그의 콧구멍에다 생명의 호흡을 불어넣으시니, 사람이 살아 있는 혼이 되었더라.**』 여기서 하나님의 삼중적 사역이 엿보이는데, 아버지 하나님께서는 흙을 만드셨고, 아들 하나님께서는 토기장이처럼 자신의 형상대로 만드셨으며, 성령 하나님께서는 그 코에 생명의 호흡을 불어넣으신 것이다.

창세기 1:2에는 『**땅은 형체가 없고 공허하며 어두움이 깊음의 표면에 있으며**

하나님의 영은 물들의 표면에서 거니시더라.』라는 말씀이 있는데, 여기서 땅을 태초의 상태로 회복하시는 과정에 성령님께서 함께하셨음을 알 수가 있다. 『**생명의 성령**』(롬 8:2, cf. 계 11:11)이라 불리시는 성령님은 이때에도 피조 세계에 생명을 불어넣는 일을 하신 것이다. 『**주의 말씀에 의하여 하늘들이 지음을 받았으며 그것들의 모든 군상도 그의 입김으로 되었도다**』(시 33:6). 성령님은 숨과 바람에 비유되시기 때문에(겔 37:9, 요 3:8) 하나님의 입김은 곧 성령님을 가리킨다. 하나님의 입에서 나오는 숨이 그분의 영이신 것이다. 창세기 1장에서 이 우주를 창조하는 데 성령께서 중재자가 되셨고 그분을 통하여 창조가 이루어진 것이다.

2. 창조하신 우주를 보존하시는 성령님

『풀은 마르고 꽃은 시드나니 이는 **주**의 영이 그 위에 불기 때문이라. 그 백성은 정녕 풀이로다』(사 40:7).

성령님께서는 창조하신 우주의 보존과 관련해서도 활동하신다. 예를 들어 이사야 40:7은 『**풀은 마르고 꽃은 시드나니 이는 주의 영이 그 위에 불기 때문이라.**』라고 말씀하는데, 이는 피조물들의 생멸(生滅)을 관장하시는 분이 성령님이심을 보여 준다. 성령님께서는 창조하시고 보존하시며 또 원하는 대로 멸하기도 하시는 분이시다. 시편 104:30에서는 『**주께서 주의 영을 보내시어 그들이 창조되었으니 주께서 지면을 새롭게 하시나이다.**』라고 말씀하는데, 이는 성령님의 힘으로 피조 세계가 새롭게 됨을 알게 해 준다. 땅에 손톱만 한 크기의 작고 오래된 것을 심었을 때 팔뚝만큼 큰 두 개의 줄기가 나올 수 있는 이유는 하나님의 영 때문이다. 그것은 결코 "어머니 자연"이나 "농림부"가 하는 일이 아니며, 절대적으로 성령님의 사역인 것이다. 이 지구가 태양열로 말라 버리거나 한밤의 짙은 어둠 속에서 얼어붙지 않는 이유는 우주를 만드신 하나님의 영께서 그것을 붙들고 계시기 때문이다. 겨울에 죽은 듯했던 풀과 나무가 봄에 불현듯 꽃을 피우고, 새들이 그 숨은 곳에서 나와 지저귀는 것은 삼위일체의 세 번째 인격이신 성령님 때문임을 알아야 한다. 지면을 얼렸다가 녹이시며 새롭게 하시는 분은 성령님이시다.

■ 인격체이신 성령 하나님 ■

창조 사역을 수행하신 성령님은 "인격체"이시다. 성경에서는 성령님을 "그"라는 인칭대명사로 가리키는데, 이 점은 기본적으로 성령님께서 인격체이심을 증거한다. 예를 들어 요한복음 15:26에서 예수 그리스도께서는 위로자가 오시면 "그분"께서 예수 그리스도에 대하여 증거하실 것이라고 말씀하셨고, 요한복음 16:8에서는 "그분"이 오시면 세상에 대하여 책망하실 것이라고 말씀하셨다. 요한복음 16:13에서는 『그러나 진리의 영이신 그분이 오시면 너희를 모든 진리로 인도하시리라.』라고 말씀하셨고, 또 요한복음 16:14에서는 『그분이 나를 영화롭게 하시리니, 이는 그분이 내 것을 받아서 너희에게 알려 주실 것임이라.』라고 하셨다. 성령님은 의지가 있으시기에 결정을 내리실 수 있고(고전 12:11), 지성이 있으시기에 인간에게 진리를 가르치실 수 있다(느 9:20). 만일 성령님이 어떤 "에너지"나 "영향력"이라면 결코 지식을 가지고 가르치실 수 없을 것이다. 또한 성령님께서는 성도들의 마음을 살피셔서 그들을 위해 중보하시는 분이다(롬 8:27). 성령님은 하나님의 일을 알고 계시기에 모든 것을 아시는 지식이 있다(고전 2:11,12). 성령님은 능력을 주셔서 예수 그리스도를 증거하게 하실 수 있고(행 1:8), 또한 사랑을 베푸실 수 있다(롬 5:5; 15:30). 성령님은 슬퍼하실 수 있으며(엡 4:30), 인간이 그분께 거짓말하다가 죽을 수도 있다(행 5:1-6).

3. 아담의 타락에서 대홍수까지의 사역

이때는 "양심 시대"였는데, 이 기간은 인간들로 하여금 더욱 선한 삶을 살아가게 하시기 위해 성령께서 인간의 양심을 통하여 "다투시는 기간"이었다. 이 점을 창세기 6:3에서 다음과 같이 계시하고 있다. **『주께서 말씀하시기를 "내 영이 항상 사람과 다투지는 않으리니, 이는 그도 육체임이라. 그래도 그의 날들이 일백이십 년이 되리라." 하시니라.』** 하나님께서는 인간이 회개하지 않고 그분의 영과 다투었기 때문에 대홍수로 심판해 버리신 것이다. 하나님과 교제할 수 없는 인간에게 남겨진 것은 심판뿐이다. 영적으로 보면, 그리스도인이 하나님과의 교제를 항상 유지하기 위해서는 죄의 자백을 통한 자기 심판이 필요함을 알 수 있다(요일 1:4-10). 성도가 자기 심판을 통해 자신을 정결케 하지 않으면 하나님께서 그 성도를 판단하여 심판하실 것이다(고전 11:31, 히 12:4-13).

4. 대홍수 이후부터 예수 그리스도의 탄생까지의 사역

『발라암이 눈을 들어 이스라엘이 그들의 지파대로 자기 장막에서 거하는 것을 보자, 하나님의 영이 그에게 임하신지라. 그가 그의 비유를 지어 말하기를 "브올의 아들 발라암이 말하며 눈을 뜬 자가 말하였나니, 하나님의 말씀들을 들은 자, 전능하신 분의 환상을 본 자, 무아지경에 빠졌으나 자기 눈을 뜬 자가 말하였도다 (민 24:2-4).

이 기간에는 "인간 정부 시대"와 "족장 시대"와 "율법 시대"가 포함되어 있다. 이 기간에 성령님의 사역은 동일한 것으로 보이며 지속적이거나 특정적이지 않았다. 성령님은 어떤 특별한 일이나 사역을 부과할 때 개인의 성격이나 성향과 관계없이 인간을 충만케 하셨다. 그 예로 "발라암"(민 24:2-9), "삼손"(판 13:24-25), "사울"(삼상 10:6-13) 등이 있으며, 성령님은 그들이 훌륭한 사람이어서가 아니라 그들이 공직에 있었고 특별한 사역을 맡았기 때문에 그들에게 임하신 것이다. 또한, 성령님은 "요셉"(창 41:38-39), "여호수아"(민 27:18), "다니엘"(단 4:8,9,18; 5:11-14)과 같은 몇몇 사람들을 제외하고는 이 기간에 사람들 안에 거하지 않으셨다. 다만 삼손 같은 경우에서 보듯이 하나님의 나타나심이 요구되었을 때만 그에게 임하셨다가 떠나셨다.

성막을 짓고 그 안에 기물들을 배치할 때가 오자 하나님은 특별히 브살르엘을 성령으로 충만케 하심으로써 그 일들을 맡기셨다(출 31:1-5). **극도의 정교함과 완벽한 미가 아낌없이 발휘된 성막은 브살르엘의 작품이 아니라 브살르엘을 통해서 성령님께서 역사하신 결과였다**. 성령님께서는 이와 같은 방법으로 구약의 선지자들에게 역사하셨다. 『**예언은 예전에 사람의 뜻에서 나온 것이 아니요, 오직 하나님의 거룩한 사람들이 성령으로 감동을 받아 말한 것이니라**』(벧후 1:21). 말하자면 성령님께서는 그분 자신으로 충만한 성도들을 그분의 일에 알맞게 빚으실 수 있는 것이다(고전 12:4-11).

■ 성령 충만에 관하여 ■

능력 있는 그리스도인의 섬김은 성령 충만에서 나온다. 성도가 섬긴 결과들은 단순한 흉내가 아니라 성령으로 충만한 데서 맺히는 열매들이어야 하는 것이다. 따라서 성령 충만은 해도 되고 안 해도 되는 것이 아니라 그리스도인이라면 반드시 유지해야 할 영적 상태다. 죄인이 그리스도인이 되었다면 그는 예수 그리스도의 의를 전가받아 죄 없는 완전한 상태가 된 것이다. 그러나 그는 죄가 사라져서 비워진 "진

공상태"에 머물러서는 안 되며 반드시 성령님으로 충만해야 한다. 왜냐하면, 이것이 에베소서 5:18의 명령이기 때문이다. 『술취하지 말라. 그것은 방탕한 것이니 오직 성령으로 충만하라.』 이 구절은 성령으로 충만하지 않은 죄가 술에 취한 죄와 같다고 말씀한다. 같은 구절에서 "술 취하지 말라."라고 말씀하셨고, 동시에 "성령으로 충만하라."라고 말씀하셨기 때문이다. 이 두 명령은 절대적이며, 그리스도인이 성령으로 충만하지 않은 것은 마치 술 취하는 것과 같이 하나님께 죄를 짓는 것이 된다. 구원받은 이후의 성도는 예수 그리스도 안에서 온전하다. 『그분 안에는 신격의 모든 충만함이 몸의 형태로 거하시나니... 그의 안에서 온전하게 되느니라』(골 2:9,10). 이처럼 구원받은 사람의 삶에는 부족한 것은 없지만, 만일 성령으로 충만하지 않다면 다음 두 가지 잘못된 사실 중 하나에 해당한다. 즉 성령 충만을 위해 하나님께 기도하지 않았거나, 하나님께 구했더라도 삶 속에서 성령님께 복종하지 않은 것이다. 그리스도인은 바로 이 두 가지 과오에서 박차고 일어나 성령으로 충만한 삶을 영위함으로써 섬김의 많은 열매로 하나님께 영광을 돌려드려야 한다.

4. 초림과 오순절 성령강림 사이에 나타난 사역

이 기간에 이루어진 성령님의 사역은 주로 이 땅 위에서의 예수님의 생애와 관련을 맺고 있다. 삼위일체 하나님 상호 간의 관계에 대한 확실한 구분을 보여 주며, 아들로서의 하나님조차도 "성령"의 도움과 상호협력이 없이는 인성을 지니실 수도, 인류를 구원하실 수도 없었음을 보여 준다. 예수 그리스도 안에서 역사하신 성령 하나님의 사역은 신약성경에 명백하게 나타나 있다. ① 성령님에 의해 잉태되셨다(눅 1:30,31,34,35, 마 1:18-20). ② 성령님에 의해 침례를 받으셨다(마 3:16, 눅 4:1). ③ 성령님에 의해 시험받으시기 위해 광야로 인도되셨다(마 4:1, 눅 4:1-2). ④ 성령님의 힘으로 능력 있는 사역을 행하셨다(행 10:38). ⑤ 성령님에 의해 복음을 전하시기 위한 기름 부음을 받으셨다(눅 4:18). ⑥ 성령님을 통해 십자가에서 죽으셨다(히 9:14). ⑦ 성령님에 의해 죽은 자 가운데서 일어나셨다(벧전 3:18). ⑧ 성령님을 통해 열두 사도에게 계명들을 주신 후 들려 올라가신 그날까지의 일을 기록하게 하셨다(행 1:1,2). ⑨ 제자들을 그리스도의 몸 안에 넣으심으로써 그리스도의 몸으로서의 교회가 시작되었다(행 2:1-4).

5. 초림 때의 "성령을 모독한 죄"

『진실로 내가 너희에게 말하노니, 사람의 아들들에게는 모든 죄들과, 그들이 모독하는 어떠한 불경도 용서되지만, 성령을 거슬러 모독하는 자는 결코 용서받지 못하고, 영원한 정죄의 위험에 처하리라."고 하시더라. 이는 그들이 말하기를 "그가 더러운 영을 지녔다."고 함이더라』(막 3:28-30).

<u>초림 때 성령님께서는 예수님 안에서 역사하셨다</u>. **『하나님께서 보내신 분은 하나님의 말씀들을 말씀하시나니, 이는 하나님께서 그에게 성령을 한량없이 주심이라』**(요 3:34). 예수님께서 일으키신 모든 기적은 주님 안에 계신 성령님의 역사였는데도 초림 당시 바리새인들은 마귀의 역사라고 비난했다. **『그후에 마귀에게 사로잡혀 눈멀고 벙어리 된 사람을 주께 데려오니, 주께서 그를 고쳐 주시니라. 그러므로 그 눈멀고 벙어리 된 사람이 말도 하고 보기도 하니, 무리가 다 놀라서 말하기를 "이분이 다윗의 아들이 아니냐?"고 하더라. 그러나 바리새인들은 이 말을 듣고 말하기를 "이 사람이 마귀들의 통치자인 비엘세붑을 힘입**

지 않고서는 마귀들을 쫓아낼 수 없느니라."고 하더라』(마 12:22-24). 바리새인들의 이 죄를 가리켜서 주님은 성령을 거슬러 말하는 "용서받을 수 없는 죄"라고 말씀하셨다.

『그러므로 내가 너희에게 말하노니, 각종 죄와 모독은 사람들에게 용서가 되나, 성령을 거스르는 모독은 사람들에게 용서될 수 없느니라. 또 누구든지 인자를 거슬러 말하는 자는 용서받을 수 있어도 누구든지 성령을 거슬러 말하는 자는 용서받을 수 없느니라. 이는 이 세상에서나 오는 세상에서도 마찬가지니라』(마 12:31,32). 이 말씀은 십자가 사건 이전에 하신 것이다. 그것은 용서될 수 없는 죄라고 불리며 지상에서 범할 수 있는 가장 심각한 죄이고, 그리스도께서 십자가형을 받기 전에 지상에 계셨을 때 범해졌다. 바울 서신에는 그리스도인이 이 죄를 범한다는 구절이 없으며, 마귀가 그리스도인을 유혹해서 이 죄를 짓도록 할 수도 있다는 것을 보여 주는 어떤 구절도 없다.

말하자면 이 용서받을 수 없는 죄는 『이 세상에서나 오는 세상에서도 마찬가지니라.』라는 말씀에서 보는 것처럼 예수님께서 지상에 계시는 "초림"(이 세상)과 "천년왕국"(오는 세상) 때에 범할 수 있는 죄이다. 주님이 지상에 계셔야만 범할 수 있는 죄라는 것은 앞에서 제시한 "마가복음 3:28-30"에서 분명히 밝혀주고 있다. 『진실로 내가 너희에게 말하노니, 사람의 아들들에게는 모든 죄들과, 그들이 모독하는 어떠한 불경도 용서되지만, 성령을 거슬러 모독하는 자는 결코 용서받지 못하고, 영원한 정죄의 위험에 처하리라."고 하시더라. 이는 그들이 말하기를 "그가 더러운 영을 지녔다."고 함이더라』(막 3:28-30). 이 말씀은 용서받을 수 없는 죄가 눈앞에 계신 예수님을 보고 더러운 영을 가지고 있다(현재시제)고 "말함으로써" 성립된다는 점을 계시한다. 이것이 바로 용서받을 수 없는 죄요, 성령을 거스르는 죄인 것이다. 따라서 은사주의자들의 집회나 병 고침을 받기 위해 늘어선 줄을 보고서 "이런 짓은 마귀가 하는 짓이다!"라고 말하는 것이 성령을 거스르는 신성모독과는 전혀 상관이 없는 것이다.

NOTES

제6과

교회와 세상을 향한 성령 하나님의 사역

『그러나 내가 진리를 너희에게 말하노니 내가 가는 것이 너희에게는 유익하니라. 만일 내가 가지 아니하면 위로자가 너희에게 오지 아니하시리라. 그러나 내가 떠나가면 내가 그분을 너희에게 보낼 것이라』(요 16:7).

성령 하나님의 지상 사역

예수님께서 승천하시고 오순절에 강림하신 이후(행 2:1-4) 성령님께서는 주도적으로 일하신다. 구약 시대는 아버지 하나님께서, 천년왕국 시대는 아들 하나님께서, 지금은 성령께서 주도하시는 시대인 것이다. 성령님은 오순절 이후의 교회 시대에 특별한 임무를 갖고 계시는데, 그것은 "그리스도의 몸"인 교회를 형성하는 것이다. 성령님께서는 복음을 믿고 거듭난 죄인들을 그분께서 주시는 성령 침례를 통해 그리스도의 몸 안으로 넣어 주고 계시며(고전 12:13,27), 교회가 완성될 때까지 지상에 머무실 것이고, 교회가 휴거되어 공중에서 주를 영접할 때까지 교회를 보호하실 것이다.

이 교회 시대에 성령님께서 머무시는 곳은 거듭난 그리스도인의 몸 안이다. **『또한, 너희 몸은 너희가 하나님으로부터 받은 바, 너희 안에 계신 성령의 전인 것을 알지 못하느냐? 너희는 너희 자신의 것이 아니니라』**(고전 6:19). **『너희가 하나님의 성전인 것과 하나님의 영께서 너희 안에 거하시는 것을 알지 못하느냐?』**(고전 3:16) 사도 바울은 에베소서 2:21,22에서 교회를 하나의 건물에 비유하고 있으며, 돌들이 모여 성전을 이루듯이, 교회는 성도들이 서로 연결되어 우주적인 성전인 그리스도의 몸을 이루어가는 것이라고 말하고 있다. 성령님을 통하여 지어지는 이 영적 건물의 목적은 궁극적으로 하나님의 거처가 되는 데 있다.

1. 교회 안에서의 성령님의 사역

『다음의 필요한 것들 외에는 너희에게 더 이상의 짐을 지우지 않는 것이 성령과 우리에게 좋은 것 같으니 곧 우상들에게 바친 제물과 피와 목매어 죽인 것과 음행을 삼가라는 것이라. 이와 같은 것들로부터 너희가 스스로 조심하면 잘되리라. 평안함을 비노라."고 하더라』(행 15:28,29).

교회 안에 거하시는 성령님은 교회의 주관자이시다. 교회의 경영은 근본적으로 성령님께 맡겨졌다. 초대 교회의 회의에 관해서는 사도행전 15:13-19에 아주 분명하게 설명되어 있는데, 특히 28절에서 "성령과 우리에게 좋은 것 같으니"라고 기록된 것을 보면 성령께서 그 모임에 참석하시고 공적 지위를 가지고 행하신 것을 알 수 있다. 아나니아와 삽피라가 그 소유를 팔아 그 돈의 얼마를 감추고 거짓말을 하였을 때, 베드로가 아나니아에게 『**아나니아야, 어찌하여 사탄이 너의 마음을 가득 채워 성령께 거짓말하게 하며, 또 토지 대금 일부를 감추느냐?**』(행 5:3)라고 말했던 것처럼 교회 안에서의 심판을 보이지 않는 가운데 주관하시는 분은 성령님이시다.

예수님께서 사도들을 택하시어 보내신 것처럼 성령님께서도 제자들을 선택하셔서 보내셨다. 『**그들이 주를 섬기며 금식하고 있을 때 성령께서 말씀하시기를 "내가 불러 시키는 일을 위하여 바나바와 사울을 내게 따로 구별해 놓으라." 하시니라. 그러므로 그들이 금식하고 기도한 후에 그들에게 안수하여 떠나 보내니라. 그리하여 그들은 성령의 보내심을 받아 셀루키아로 갔다가 거기에서 쿠프로를 향하여 배를 타고 가니라**』(행 13:2-4). 사도 바울은 에베소의 장로들에게 보내는 마지막 서신에서 『**그러므로 너희 자신을 조심하고 모든 양떼에게도 그리하라. 이들을 위하여 성령께서는 너희를 감독자들로 세우셨으며 하나님**

께서 자신의 피로 사신 하나님의 교회를 돌보게 하셨느니라.』(행 20:28)라고 했는데, 이는 교회의 집사나 목사를 세우는 일에 관여하시는 성령님의 주도권을 보여 준다.

교회가 목자를 택하는 데 있어서 성령님을 의지해야 할 뿐만 아니라, 목자도 교회를 돌보고 사역하는 데 있어서 성령님과 의논해야 한다. 이 점은 『**그들이 프루기아와 갈라디아 지역을 통과하였을 때 성령께서 아시아에서 말씀 전하는 것을 금하셨으며 무시아에 이르러 비두니아로 가려고 하였으나 성령께서 허락하지 아니하시므로**』(행 16:6,7)라는 말씀을 통해 알 수 있다. 성령님께서 사역의 방향을 바꾸셨을 때 그분께 순종하면 성령님의 계획에 온전히 동참할 수 있게 된다. 『**무시아를 지나서 트로아로 내려왔더라. 그 밤에 바울에게 환상이 나타났는데 어떤 마케도니아 사람이 서서 그에게 간청하여 말하기를 "마케도니아로 건너와서 우리를 도와 달라."고 하니라. 그가 그 환상을 본 뒤에 우리는 즉시 마케도니아로 떠나려고 하였으니 이는 주께서 그들에게 복음을 전하게 하시고자 우리를 부르셨다고 확신하였음이니라**』(행 16:8-10). 성령님의 뜻은 사도들이 마케도니아에 가서 복음을 전하는 데 있었으며, 사도들이 그 뜻에 순종했을 때 그들의 하는 일에 복을 받을 수 있었다. 하나님의 일꾼들은 그들 사역의 영역을 선택하는 데 있어서 성령님의 인도를 따라야 한다. 아도니람 저드슨은 인도로 가려고 했으나 성령님께서 버마로 보내셨고, 윌리엄 캐리는 태국에 가려고 했으나 성령님께서 인도로 보내셨다. 결국 성령님의 뜻에 순종한 두 선교사는 교회사에 길이 남는 위대한 업적을 달성하게 되었다.

『내가 아직도 너희에게 말할 것들이 많이 있으나 지금은 너희가 그것들을 감당할 수 없느니라. 그러나 진리의 영이신 그분이 오시면 너희를 모든 진리로 인도하시리라. 그분은 자신에 관

하여 말씀하지 아니하시며, 무엇이나 들은 것을 말씀하실 것이요, 또 너희에게 다가올 일들을 알려 주시리라. 그분이 나를 영화롭게 하시리니, 이는 그분이 내 것을 받아서 너희에게 알려 주실 것임이라』(요 16:12,13).

교회 안에서 성령님은 가르침을 주도하신다. 위의 말씀에서 보듯 성령님의 가르침은 성령님 자신의 것이 아니라 예수님의 것이다. 이 시대의 성령님의 공식적인 사역은 영화롭게 되신 예수님의 일들을 교회에 계시해서 밝히는 것이다. 따라서 이러한 목적을 위해 말씀으로 설교하고 가르치는 이들은 성령님으로 충만한 사람이어야 한다. 사도 베드로는 이 점에 관하여 『**이것이 하늘로부터 보내신 성령으로 너희에게 복음을 전한 자들을 통하여 너희에게 이제 전해졌으며**』(벧전 1:12)라고 했으며, 사도 바울 역시 『**또 내 말과 내 설교를 설득력 있는 인간의 지혜의 말로 하지 않고 성령과 능력을 나타냄으로 하였으니**』(고전 2:4)라고 고백했다. 주님의 제자들은 주님께 3년 동안 가르침을 받았어도 위로부터 능력이 임할 때까지 기다려야 했다(눅 24:49). 어부 베드로는 오순절에 성령님의 도움이 없었더라면 그가 했던 설교를 할 수 없었을 것이다(행 1:8; 2:1-4).

성령님께서 사람들로 하여금 양심에 가책을 받아 변화되게 하시는 데 쓰시는 도구는 "하나님의 말씀"이다. 성경에서 하나님의 말씀은 씨에 비유되는데(눅 8:11), 씨에는 생명이 있기에 싹이 튼다. 자연계에서도 살아 있는 씨만이 싹을 틔우기 때문에, "살아 있는 말씀"을 통해서 영적 생명이 싹트게 된다. 『**너희가 거듭난 것은 썩어질 씨로 된 것이 아니라 썩지 아니할 씨로 된 것이니 살아 있고 영원히 거하는 하나님의 말씀으로 되었느니라. 이는 모든 육체는 풀과 같고 사람의 모든 영광은 풀의 꽃과 같으며, 풀은 마르고 꽃은 져도 주의 말씀**

은 영원토록 남아 있음이라. 이것이 너희에게 복음으로 전해진 말씀이니라』(벧전 1:23-25). 이 살아 있는 영적 씨에 역사하여 죄인들에게 생명을 주시는 분이 바로 성령님이시다. 거듭나지 않은 무신론자인 과학자, 철학자 등이 성경을 유창하게 인용한다 해도 아무런 변화도 일어나지 않는 것은 성령님께서 그들과 함께하시지 않기 때문이다.

성령님께서는 기도에도 도움을 주신다. 기도는 미리 종이에 써서 준비하고 외우고 읽는 것이 아니라 성령 안에서 드려지는 것이어야 한다. 『**모든 기도와 간구로 항상 성령 안에서 기도하고 이를 위하여 모든 성도들을 위해 모든 인내와 간구로 깨어 있으라**』(엡 6:18). 성령님께서는 심지어 우리가 무엇을 놓고 기도해야 할지 모를 때에도 우리를 위해 중보기도 해 주신다. 『**이와 같이 성령께서도 우리의 연약함을 도우시나니 이는 우리가 마땅히 기도해야 할 것을 알지 못하나 성령께서 친히 말할 수 없는 신음으로 우리를 위하여 중보하시기 때문이라. 마음을 살피시는 분이 성령의 생각이 무엇인지 아시나니 이는 그분이 하나님의 뜻대로 성도들을 위하여 중보하시기 때문이라**』(롬 8:26,27).

2. 세상을 향한 성령님의 사역

『그분이 오시면 죄에 대하여, 의에 대하여, 심판에 대하여 세상을 책망하시리라. 죄에 대하여라 함은 그들이 나를 믿지 않기 때문이요 의에 대하여라 함은 내가 나의 아버지께 가므로 너희가 나를 다시는 보지 못하기 때문이며 또 심판에 대하여라 함은 이 세상의 통치자가 심판을 받기 때문이라』(요 16:8-11).

예수님께서는 장차 자신이 셋째 하늘로 돌아가시면 오시게 될 성령님께서 세상을 향해 행하실 사역을 세 가지로 분류하셨다.

첫째, 성령 하나님께서는 "죄"에 대하여 세상을 책망하신다. 『**죄에 대하여라 함은 그들이 나를 믿지 않기 때문이요**』(요 16:9). 예수님께서 세상에 오심으로써 그때까지 알려지지 않은 죄, 즉 예수님을 구세주로 영접하지 않은 죄가 생겨났다. 이 시대에 성령님께서 지적하시는 죄는 예수님을 거부하는 죄인 것이다.

성령님께서는 죄에 대해 세상을 책망하시되, 침례를 받지 않았기 때문이라거나 술, 담배를 하기 때문이라고 하시지 않는다. 다만 『**그들이 나[예수 그리스도]를 믿지 않기 때문**』이라고 딱 잘라서 말씀하시는 것이다. 불신의 죄는 그 자체로 이미 정죄받았다. **주 예수 그리스도를 믿지 않는 것에 대해 장차 유죄 선고를 받는 것이 아니라, 믿지 않는 것 그 자체로서 이미 유죄가 선고된 것이라는 얘기다(요 3:18).** 성령님은 세상이 주 예수 그리스도를 믿지 않고 거부하는 것이 그들의 확정된 『**죄**』라고 책망하신다.

그렇다면 주 예수 그리스도를 믿고 그분을 구주로 영접하지 않는 것이 왜 죄란 말인가? 그것은 이 세상 그 누구도 주 예수 그리스도를 믿지 않을 권리가 없기 때문이다. **하나님께서는 이 세상 그 누구에게도 예수님을 거부할 권리를 주신 적이 없고, 그분을 믿지 않아도 되는 선택권을 부여하신 적이 없다. 예수님을 믿지 않아도 될 이유 자체를 원천적으로 허용하시지 않으시는 것이다.** 이 세상 누구도 주 예수 그리스도를 자신의 삶에서 배제할 수 있는 권리가 없다는 말이다. 말하자면 사람이 『**죄**』를 벗어던지기가 너무나 쉽고 간단한 것이다. 지금까지 주 예수 그리스도를 믿고 그분을 구주로 영접하지 않았던 죄를 자백하기만 한다면 곧바로 구원받을 수 있는 것이다. "나는 지금까지 예수 그리스도를 믿지 않고, 그분을 구주로 영접하지 않은 죄를 지었습니다. 그러나 이제는 주 예수 그리스도께서 나의 죄를 위해서 십자가에 달려 죽으시고 장사한 지 사흘 만에 죽은 자들로부터 다시 살아나셨음을 믿습니다. 예수 그리스도를 나의 구주로 영접하겠습니다. 아멘." 이처럼 쉬운 일을 하지 않는 죄 때문에 지옥에 간다는 것을 알아야 한다. 주 예수 그리스도를 영접하지 않는 것이 죄요, 그 자체로 영원히 정죄가 되는 것이다.

둘째, 성령 하나님께서는 "의"에 대하여 세상을 책망하신다. 『의에 대하여라 함은 내가 나의 아버지께 가므로 너희가 나를 다시는 보지 못하기 때문이며』(요 16:10). 성령님께서는 예수 그리스도 오직 한 분만이 『의』이심을 선포하심으로써 세상을 책망하신다. 세상으로부터 거부당하신 주 예수 그리스도께서는 부활 이후에 『아버지께』 가심으로써 그분 자신이 "의"이심을 증거하셨다. 왜냐하면 의가 아닌 것은 결코 셋째 하늘에 이를 수 없기 때문이다. 예수님께서 『아버지께』로 가실 수 있었고, 아버지께서 그분을 받아들이실 수 있었던 것은 예수 그리스도께서 바로 『의』이시기 때문이었다.

주 예수 그리스도께서 『의』이시라는 사실은 그분께서 죽은 자들로부터 부활하심으로써 명백히 입증되었다. 『거룩의 영으로는 죽은 자들로부터 부활하여 능력으로 하나님의 아들로 선포되셨으니』(롬 1:4). 예수 그리스도께서는 부활을 통해 그분 자신이 하나님의 아들이시라는 그동안의 주장이 사실이었음을 명백히 선포하신 것이다. 『이는 하나님께서 선정하신 그 사람을 통하여 의로 세상을 심판하실 한 날을 정해 놓으시고 그를 죽은 자들로부터 살리시어 모든 사람에게 확증해 주셨음이라."고 하니라』(행 17:31). 죽은 자들로부터 자신의 능력으로 살아난 존재는 예수 그리스도 외에 아무도 없다. 그러므로 예수 그리스도 오직 그분만이 유일하신 『의』이신 것이다.

『의』가 아닌 것은 다시 살아날 수가 없다. 『의』가 아닌 것은 영원히 죽음 가운데 있어야 한다. 바로 이 예수 그리스도를 거룩하신 아버지 하나님께서 받아주셨으니, 예수님께서 『의』이신 것이 분명하다. 이렇게 높임을 받으신 예수님께서는 성령님을 세상에 보내셔서 성령님을 통해 세상을 책망하고 계신다. 『그러므로 그가 하나님의 오른손으로 높임을 받고, 또 아버지로부터 성령의 약속을 받아서, 지금 너희가 보고 듣는 이것을 부어 주셨느니라』(행 2:33). 바로 이 예수 그리스도를 믿으면 그분의 의를 전가 받아 하나님의 자녀가 될 수 있다. 『**곧 하나님의 의는 예수 그리스도를 믿음으로 인한 것으로**』(롬 3:22). 『**곧 이때에 자기의 의를 선포하심은 자신도 의롭게 되시고 또한 예수를 믿는 자도 의롭다 하려 하심이니라**』(롬 3:26). 『**행함이 없어도 불경건한 자를 의롭다 하시는 그분을 믿는 사람에게는 그의 믿음이 의로 여겨지느니라**』(롬 4:5).

셋째, 성령님께서는 "심판"에 대하여 세상을 책망하신다. 『**또 심판에 대하여라 함은 이 세상의 통치자가 심판을 받기 때문이라**』(요 16:11). 성령님께서는 이 세상의 통치자가 갈보리 십자가를 통해 심판을 받기 때문에 이 심판으로 세상도 꼼짝 못 하게 하신다. 『**이 세상의 통치자**』란 다름 아닌 『**이 세상의 신**』(고후 4:4)이라고 불리는 "마귀"이다. 하나님이신 주 예수 그리스도를 유일한 신으로 섬기지 않는다면, 그 사람은 마귀를 신으로 섬기는 것이 된다. 여기에 중립지대는 없다. 이 세상에 속한 자들은 이 세상 통치자인 마귀의 지배를 벗어날 길이 없기 때문이다. 그런데 이 마귀가 갈보리에서 심판을 받았기 때문에 성령님께서는 마귀를 통치자로 둔 세상을 향하여 갈보리 십자가를 가리키면서 책망하시는 것이다. "너희의 통치자가 패배했으니 너희도 하나님의 심판 앞에 무릎을 꿇어라!"라는 것이다.

마귀는 죽음의 세력을 가진 자이다(히 2:14). 예수님은 십자가에서 죽으시고 부활하심으로써 죽음의 세력을 가진 마귀를 이기셨고 그의 멸망을 확정하신 것이다. 『**자신의 죽음을 통하여 죽음의 세력을 가진 자, 곧 마귀를 멸망시키시며 또 죽음을 두려워하므로 평생을 노예로 속박되어 있는 자들을 놓아주시려 함이니라**』(히 2:14,15). 『**그러나 이제는 우리 구주 예수 그리스도의 나타나심으로 그것이 드러났으니, 그는 죽음을 폐기하시고 복음을 통하여 생명과 불멸을 밝히셨느니라**』(딤후 1:10). 예수님께서 자신의 부활로 죽음을 폐기하셨으니 죽음의 세력을 가진 이 세상의 통치자는 더 이상 맥을 못 추게 되었다. 마귀에게는 확정된 멸망이 선고되었고, 실제적인 집행은 미래에 있게 될 것이다(창 3:15, 롬 16:20, 계 20:1-3,10). 말하자면 이 세상의 통치자인 마귀가 이미 심판을 받았고 또 그 능력을 상실했다는 것을 예수 그리스도의 부활을 근거로 밝히시면서 세상을 책망하시는 것이 이 시대에 성령님께서 행하시는 사역인 것이다.

3. 휴거와 재림 사이의 성령님의 사역

오순절 날 "그리스도의 몸"인 교회를 탄생시키려고 오신 성령님은 교회가 완성되면 예수 그리스도의 공중 재림을 통해 신부인 교회를 데리고 하늘로 올라가실 것이다. 세상은 빛의 자녀들인 그리스도인들이 사라지자 극심한 어두움에 휩싸일 것이고 7년 대환란의 고통 속에 몸부림치게 될 것이다. 이 대환란 때의 성령님의 사역은 요한계시록에 언급되어 있는데, 바로 두 증인인 모세와 엘리야를 대환란 끝에 부활시켜 셋째 하늘로 휴거시키시는 일이다. 『사흘 반 후에 하나님께로부터 온 그 생명의 영이 그들에게로 들어가니 그들이 자기 발로 서더라. 그러자 그들을 바라보던 자들에게 큰 두려움이 임하더라. 그들이 하늘로부터 나는 큰 음성을 들었는데 그들에게 말하기를 "이리 올라오라." 하므로 그들이 구름을 타고 하늘로 올라가니 그들의 원수들이 그들을 바라보더라』(계 11:11,12). 이와 동일한 시기에 성령님께서는 마태복음 27:52에서 부활하지 않은 나머지 구약 성도들을 부활시키실 것이다(겔 37:9,10).

지상 재림이 있기 전의 성령님의 사역은 요엘 2:28-32에도 예언되어 있다. 『그후에[이스라엘이 본토로 돌아온 후, 천년왕국 이전, 욜 2:21-27], 내가 내 영을 모든 육체 위에 부으리라. 그러면 너희[이스라엘] 아들들과 너희 딸들이 예언할 것이요, 너희 노인들은 꿈들을 꿀 것이며, 너희 청년들은 환상을 보리라. 또 그 날들에는 내가 남종들과 여종들 위에도 내 영을 부어 주리라. 내가 하늘들과 땅에 이적들을 보이리니 피와 불과 연기 기둥들이라. 주의 위대하고 두려운 날이 오기 전에 해가 흑암으로, 달이 피로 변하리라. 그러나 누구든지 주의 이름을 부르는 자는 구해 냄을 받으리니, 이는 주께서 말씀하신 대로 시온 산

과 예루살렘에 구해 냄이 있을 것이요, 남은 자를 주께서 부르실 것임이라.』 이 예언은 천년왕국에서 일어날 일이 아니다. 왜냐하면 천년왕국 때 예언을 하면 죽임을 당할 것이기 때문이다(슥 13:3). 성령님께서는 재림 전에 본토로 돌아온 유대인들 위에 부어지실 것이고, 그렇게 해서 그들은 그 민족이 과거에 거부했던 메시아를 영접할 준비를 갖추게 될 것이다(슥 12:10-14).

지상 재림 이후의 성령님의 사역

이 기간을 보통 천년왕국이라고 부르는데, 이 기간에 성령님께서 행하실 사역에 대해서는 성경에 계시되어 있지 않다. 다만 예수님 안에 계신 "성령님을 모독하는 용서받지 못할 죄"가 "오는 세상"인 천년왕국 때도 범해질 수 있다는 말씀에 근거하여(마 12:32), 성령님께서 천년왕국 성전의 지성소에 앉아 계신 주 예수 그리스도 안에 거하시면서 통치에 함께하실 것이라고 말할 수 있다.

성령님께서 성경에서 마지막으로 보이시는 곳은 요한계시록 22:17이다. **『또 성령과 신부가 말하기를 "오라." 하더라』**(계 22:17). 이 구절은 영원에서의 성령님의 사역을 말하는 것이 아니라 예수 그리스도의 초청 사역에 성령님께서 신부인 교회와 함께하심을 보여 준다. 성령님께서는 성경에서 기록된 마지막 초청에 함께하시면서 죄인들을 구원으로 부르고 계시는 것이다.

■ 새롭게 깨달았거나 적용할 내용이 있다면 적어 보세요. ■

NOTES

NOTES

< 추 천 도 서 >

세대적 진리

클라렌스 라킨 지음 / 322쪽
32,000원

1920년에 출간된 이 책은 세대주의 연구의 기초가 되는 책으로서 클라렌스 라킨의 역작이며, 성경을 연구하는 모든 그리스도인들의 필독서이다.

조직신학

피터 S. 럭크만 지음 / 1,040쪽
50,000원(eBook 5권, 각 4,900원)

본서는 철저하게 〈킹제임스성경〉에 기반을 두고 하나님께서 제시하신 성경적 해석 방법에 따라 바른 신학을 집대성한 교리서다.

올리브 산 설교

노아 허칭스 지음 / 102쪽 / 8,000원

이 책은 "올리브 산 설교"를 좀 더 쉽게 이해할 수 있도록 설명해 줌과 동시에, 현재 이 시대가 "마지막 때"이며, "재림"이 임박한 때임을 성경적으로 제시해 준다.

휴거 이후에 있을 일들

피터 럭크만 지음 / 190쪽
10,000원(eBook 3,500원)

본서는 구원과 심판이라는 큰 주제를 다루고 있다. 특히 휴거와 재림 때 닥칠 일들에 대해서 사실적인 묘사로 설명한다.

■ 서울솔로몬학교 성경연수원 ■

『네가 진리의 말씀을 올바로 나누어 자신이 하나님 앞에 부끄럽지 않은 일꾼으로 인정받도록 공부하라』(디모데후서 2:15). 오늘날 하나님께서 원하시는 일꾼이 제대로 길러지지 않는 이유는 성경을 공부하지 않기 때문입니다. 본 연수원은 이 나라 교회들이 복음도 제대로 전하지 않고 성경도 체계적으로 가르치지 않는 것을 보고서 하나님의 유능한 인재를 양성하기 위해 아래의 교육 과정을 개설했습니다.

▶ **<킹제임스성경신학교> 교수진의 정선된 강의와 수준 높은 성경공부 교재로 성경을 쉽고 정확하게 배울 수 있습니다.**

▶ **본 과정을 이수하면 수료증이 수여되고 <킹제임스성경신학교> 2학년으로 편입할 수 있습니다.**

1. 모집 대상 : 성경을 공부하기 원하는 남녀노소
2. 교육 기간 : 1박 2일(합숙 가능, 금요일 오후 7시 입소, 토요일 오후 4시 퇴소)
   1일 특강(토요일 오전 10시 입소, 오후 4시 퇴소)
3. 참 가 비 : 8만 원(교재 및 숙식비 포함)
4. 교육 과정

1) 단기 성경연수 과정(1박 2일, 1일 특강)

요한계시록	로마서	마태복음	요한복음	다니엘
사도행전	히브리서	야고보서	베드로전후서	에스겔
갈라디아서	에베소서	빌립보서	골로새서	이사야
고린도전후서	목회서신	창세기	출애굽기	소선지서
데살로니가전후서	여호수아	재판관기	사무엘상하	열왕기상하
성경의 비유들	세대주의	이단연구	적그리스도	이스라엘

2) 주일학교 성경교사 자격증반(1박 2일, 매월 1회 총 12주 과정)
3) 한글킹제임스성경 통독교실(1박 2일)
4) 크리스찬 청소년 리더십 캠프(2박 3일)
5) 크리스찬 청소년 음악 캠프(2박 3일)

※ 각 과정 별로 구령하는 방법을 1시간씩 교육합니다.

www.solomonbtc.org

강화도에 위치한 본 연수원은 동쪽으로는 바다, 서쪽으로는 길상산, 북쪽으로는 호수와 넓은 들이 펼쳐져 있는 최상의 휴식처로서, 등산, 낚시, 트레킹을 할 수 있고, **일천 그루의 잣나무 숲에서 성경을 공부하고 기도하며 쉴 수 있는 최적의 환경**입니다. 남녀 생활관에서 합숙이 가능하며, 가족 동반 시 게스트하우스(콘도형 빌라)를 이용할 수 있습니다. 초지대교에서 좌회전 후 4분 거리에 있으며, 지하철 5호선 방화역에서 셔틀 차량이 운행됩니다. 인천광역시 강화군 길상면 장흥로 29-6 / (02) 2665-3743

솔로몬 성경공부 시리즈

시대에 따른 삼위일체 하나님의 사역

초판1쇄 2022년 12월 16일
초판2쇄 2023년 3월 27일
지 은 이 / 편 집 부
발 행 인 / 박 승 용
발 행 처 / 말씀보존학회
출판등록 / 제409-2022-000036호

주 소 / 서울 강서우체국 사서함 제90호
전 화 / (02) 2665 - 3743
팩 스 / (02) 2665 - 3302
인 터 넷 / www.biblemaster.co.kr

값 10,000 원